JN086897

「縄文と神道」から読む日本精神史

理想的日本人の生きる力

田口佳史
Yoshifumi Taguchi

テンミニッツTV講義録 ❸

ビジネス社

はじめに

　私たちの「生きる力」を高めてくれる伝統的な智恵や考え方とは、どのようなものでしょうか。日本人は、どう生きてきたのでしょうか。そして、日本人が本当に大切にすべきものとは、何なのでしょうか。

　本書は、そのようなことを縄文時代や神道にまでさかのぼりつつ、さまざまな「理想的な日本人」の姿を通して描いていく1冊です。

　もちろん、われわれ個々それぞれの日本人は、個々それぞれの考え方に基づいて生きています。しかし、その底流には、これまでの日本人が培ってきた精神が、さまざまなかたちで息づいています。

　それは、意識に上る場合もあれば、無意識の場合もあるでしょう。

　しかし、本書を読み進めるうちに、「そういえば自分も……」と思う部分が出てくるはずです。それが見えてくれば、なぜ自分がそのように感じたり考えたりしているのか、その正体が理解しやすくなるはずです。

「おわりに」でも書きましたが、私は「愉快な人生を生きること」がとても大切だと思っています。どうすれば「愉快な人生」を送れるのか。

　その大きなヒントとなるものこそ、「日本人の精神性」の源泉に思いをはせることであり、「日本人は何を大切に生きてきたか」を知ることであり、これまでの長い日本の歴史のなかで輝いている「生きる手本」を見つけることなのです。

　たとえば、本書の冒頭では、エネルギッシュで創造性豊かな縄文

の精神について述べています。このエネルギーや創造力が、必ずや自分の精神の基盤のなかに流れている。そう考えると、おのずから勇気がわいてくるはずです。

また、日本の豊かな自然風土が培ってきた精神性や、日本人が古来大切にしてきた勤労観なども解説しています。さまざまな人々の生き方も述べています。それと対比させて自分自身の価値観を見つめてみると、これまでの人生で「どうにも、しっくりこなかったこと」の正体が見えてくるかもしれません。あるいは、「なぜ、うまくいかないのか」の原因がわかってくるかもしれません。

とかく現代の日本では、日本古来の精神性が忘却されがちです。だからこそ、迷いが生じている部分があります。竹に木を継ぐような不自然さを知らず知らずのうちに感じてしまうこともあります。

迷ったら出発点（原点）に帰る。山登りでも人生でも、それは普遍の真理でしょう。

本書では、なるべくわかりやすくその点を明らかにしていくとともに、「理想的な日本人」ともいえる人たちが何を大切にし、何を考えて、どのように生きたのかを、なるべく具体的に紹介しました。

もともとは、インターネットで視聴することができる10分の講義動画で教養を学ぶ「テンミニッツTV」で講義をしたものを1冊に編んだものです。これまで、かなりの本数の講義をしてきましたが、そのうち趣旨に合うものを選抜しています。

ですから、講義の内容があまりに多岐にわたっている部分もありますが、それが逆に「日本人の豊かで多様な精神性」の源泉を明らかにするうえでは、プラスに働いている部分もあるように思います。

私はこれまで、さまざまな機会に、多くの皆さまに向けて講義をしてきました。また、おかげさまで幾冊もの書籍を世に問うことも

できました。

　講義で語りかけることの良さ、そして一方で、書籍として体系的にまとめることの良さ、それぞれあるように思います。テンミニッツTVの講義が「講義録」のかたちで本になることで、その両面がいっぺんに味わえるのも、いまの時代ならではの、なかなかおもしろいことであるように思います。

　よろしければ、ぜひテンミニッツTVの講義もご高覧いただければ幸いです。

　令和6年5月5日

田口佳史

【テンミニッツTV／田口佳史先生の講師ページ】

https://10mtv.jp/pc/content/lecturer_detail.php?lecturer_id=72

1話10分の動画で学ぶ「テンミニッツＴＶ」とは

各界の第一人者に学ぶ
最高のリベラルアーツ

常識を覆し、本質を捉える思考力を磨き、自分を高める

物事の本質をつかむためには、そのテーマについて
「一番わかっている人」の話を聞くことこそ最良の手段。
「テンミニッツTV」は、東大教授をはじめ各界の第一人者
280人以上の講師陣による1話10分の講義動画で、
最高水準の「知」や「教養」を学べます。

歴史・哲学・政治経済・科学・心理学・芸術・経営学など、
様々なテーマの5,000話以上の講義動画が定額見放題。
しかも、新たな講義が、日々、追加されます。
だからこそ、まるで冒険のように「多彩な知」に出会えます。

確かなことを深く学びたい、自分の知らない分野を学んでみたい、
もう一度学び直したい、そんなあなたの向学心に応えます。

サービスや講義の詳しい内容は次のURL（QRコード）からご確認いただけます。
https://10mtv.jp/

※記載した情報は2024年5月現在のものです。

テンミニッツTV講義録③

「縄文と神道」から読む日本精神史

第1講 ## 日本の根源はダイナミックで
エネルギッシュな縄文文化

第2講 ## 「運の強さ」と「達人の先見性」
…神との一体化の恩恵

第3講 ## 本居宣長が説く「神信仰」
…神道の本当の姿に迫る

第4講 『古事記』に記された生命力と生成力
…ムスビについて

第5講 世阿弥と縄文のエネルギー
…夢幻能が秘めるアニマの噴射

第6講 松尾芭蕉…生成発展する自然に
感応する創造論

第1講

日本の根源はダイナミックで
エネルギッシュな縄文文化

エネルギッシュで創造性豊かな縄文文化が基底にある

　日本の文化や日本の精神性と聞いて、思い浮かべるものは何でしょうか。「わび・さび」文化が真っ先に挙がるかもしれません。自然と共生する精神性や、繊細さ、あるいは幽玄さなどを挙げる方もいらっしゃることでしょう。また、最近のポップカルチャーを思い浮かべる方もいらっしゃるはずです。

　いずれも、まごうことなき日本文化のあり方です。

　私は、日本文化を考えるときには、やはり日本の地理的特性をふまえることが非常に重要だと思います。日本の地理的特性は、やはり日本ならではのものです。まったく類似したものは、他国にはありません。その地理的特性から導き出されている特性がとても重要なものです。

　私は「森林・山岳・海洋・島国国家」としての日本、簡単にいえば、森林山岳性、それからユーラシア大陸の東端という地理的特性から来るものを、ぜひ忘れてもらいたくないと思います。そのことについては、本書のなかで、折にふれて考えてみたいと思います。

　そのような地理的特性をふまえたうえで、まず冒頭で、ぜひ考えておきたいのは、根源的に日本を語る場合に、忘れてはならないものがあるということです。

　それは「縄文」です。

　日本という国の文化、それこそ世阿弥、千利休、松尾芭蕉などについて探究すればするほど、その深いところには、ありありと「縄文のエネルギー」がある。滅多に見えていないけれども、何かのときにはグッと浮かびあがってくる。

　そのような「縄文のエネルギー」が、日本文化のベースをなす色彩であり、陰に陽に、日本文化に非常に大きな影響を与えている。

いわば日本文化は、「縄文」を基底部に大切に抱えているのだといえるでしょう。

縄文時代は、紀元前1万年前後から紀元前10世紀頃まで、非常に長期間続きました。しかも日本は、その後の歴史を通してずっと、異民族に征服されたり、外国の宗教や文化によって日本古来の宗教や文化を塗りつぶされたりすることはありませんでした。

縄文土器：深鉢形土器(火焔型土器／縄文中期)新潟県十日町市笹山遺跡出土　十日町市博物館蔵

もちろん日本にも、仏教や儒教、道教など、さまざまな宗教や文化が伝来しました。しかしそれらは、日本古来の文化を上書きすることなく、日本のなかで併存して多様な文化のかたちを築いてきました。後に詳述しますが、私はそのような日本のあり方を「溜まり文化」と表現しています。

だからこそ、「縄文」から培われた精神性も、上書きされたり、抹消されたりすることはありませんでした。

あえていえば、弥生時代になって農耕とともに形成された文化は、どちらかというと繊細で、その後、そのような日本像を形づくっていったといえるかもしれません。しかし、その前に非常にエネルギッシュで、非常に精力的で、さらに創造性豊かな縄文の文化があったということは忘れるべきではないのです。

縄文遺跡を見に行くと、非常にびっくりします。どこに驚くかというと、とてつもないエネルギーや生命力が、赤裸々にあふれ出しているところです。

日本の文化について、非常に巧緻で、繊細なものという印象をお持ちの方が多いと思います。しかし、それだけではないのです。そのベースには、ダイナミックでエネルギッシュな縄文文化があるのです。

「縄」の多様な機能

　さて、「縄文」とは文字どおり「縄の文様」ということです。縄を転がした文様がつけられている縄文土器が数多く出土したので、この時代を縄文時代と呼ぶようになりました。

　では、なぜ「縄」なのでしょうか。

　考えてみれば、縄は当時の人びとの生活のあらゆる部分に絡んでいるものであったはずです。つまり、縄というもの自体が、当時の人びとの生命線を表わしているといえます。

　縄には、まず「むすぶ」機能があります。これはどういうことか。「むすぶ」には「約束する」という意味もあります。「しばる」という機能もあります。狩りなどの場合には、獲物の自由を奪ってしまうことでもある。自分のものだということの証左として縛ります。

　また、「つるす」という機能もあります。つるすのは、食品などを保存するために、とても重要です。

　もう1つは、「はかる」機能です。ものの長さなども、縄で表わすことができます。そういう意味では、はかるための基準も縄で示される。

　さらに「くぎる」機能もあります。ここからここまでが私の土地で、ここからここまではあなたの土地だというときに、縄を張る。いまでも「縄張り」という言葉があります。

　それから、神社などの聖域に張られるしめ縄に代表されるよう

に、「まつる」機能があるわけです。

　縄にまつわる生活習慣が、これだけ多くあり、生活の助けになっている。「縄」は、当時の縄文文化の人びとの生活を飛躍的に高めました。そればかりでなく、秩序を形成し、理路整然としたものにしたといえるでしょう。

縄文文様でヘビや渦巻きが使われている理由

　そのような多彩な機能を担い、縄文時代の生活にも非常に重要なものであった「縄」ですが、では、いったい「縄文文様」は何を表わしているのでしょうか。

　1つの見方として、「これは、ヘビを表わしているのだ」といわれます。ヘビが何を表象するかというと、子孫繁栄です。

　子孫繁栄は、当時は非常に重要なものでありました。なにしろ未開の社会においては、いつ一族が死に絶えても不思議ではありません。そのような環境のなかで、ヘビは、生命力や新生、子孫繁栄の象徴として信仰されました。脱皮して成長する姿が、そのような信仰につながったともいわれます。

　それから、縄文文様にはもう1つ、「渦巻き文様」という特徴があります。

　この「渦巻き」は、何なのか。

　1つは、「水」を表わしています。それからもう1つは、「永遠性」を表わしています。

　この世のものには、どんなものでもライフサイクルがあります。個々の人間は死を迎える。しかし、その一方で、皆さんご存じのように、大木が倒れて一生を終えるとしても、そこからまた芽が生えて、後継ぎが出てくる。永遠の循環のようなものがある。

　つまり簡単にいうと、それぞれ個々の終焉はあるけれども、より

巨視的に見れば、むしろ永遠性を誇っている。そのような大きな円環運動を、渦巻きが象徴しているのです。

その永遠性を重視する精神の具体化が、つまり「子孫の発展、繁栄」への願いになっていくのです。

そこから、健康な身体が希求され、さらに、非常にエネルギッシュでダイナミックな生存性、生存能力も求められます。

どちらかといえば、現代人は生きていくことについて、「安全、安心、安泰」というようなものを第一義に置いているところがあるかもしれません。逆にいえば、それだけ現代人の生活は「安全、安心」なものであるともいえます。

しかし、現代と比べて格段に、生活の安全度、安心度が低かった縄文人は、「絶対生き抜く」という生存本能を強化する必要があったように思われます。「生存を守っていく」というより、むしろ「乗り越えていく精力、エネルギー」です。

しかも、そのようなエネルギーについて、多様なるものを認めていく。「乗り越えていくエネルギーの、それぞれ多様なあり方」を大切にする。

そのようなものを人間の要素として持っていることが、非常に重要だったのではないでしょうか。

さらに理屈的に考えてみると、縄文文様は「多様性」と「規則性」を表わしてもいます。そのことは、縄文土器をじっくり見つめていれば、すぐに伝わってきます。つまり縄文時代の日本人の頭脳のなかには、すでに多様性や規則性を認め、大切にする心性があったということです。

縄文土器：注口土器（縄文後期）青森県十和田市
米田字清瀬出土　東京国立博物館蔵

ぜひ、小さなものでもいいですから、縄文土器のレプリカを机の上において、眺めてみてはいかがでしょうか。それこそ1日じっと見ていると、その凄さが伝わってきて、自分の胸のなかでどんどん沸き立ってくると思います。赤裸々な生存性やエネルギーが、ダイレクトに伝わってくる。その力を理解しておくことが、とても重要です。

豊かな自然と呼応する健全な明るい生存力

　縄文時代の社会は、漁撈や狩猟など自然採取経済が大きな部分を占めていました。つまりこれは、常に自然との融合を非常に身近に考えざるをえないということです。自然とどのように和むか、一体化するかが非常に重要でした。

　特に日本は、「森林山岳性」というものが非常に強い国です。国土の70パーセントが山岳です。山でありながら森林です。山の民であり、森の民でもある日本人は、さまざまなものが豊富で、非常に恵まれている環境で生きてきたのです。

　ですから日本には、照葉樹林帯に代表されるように、非常に明るいものがある。暗い困難を目の前にして、ただ耐え忍んで生きつづけるというのではありません。もっと晴れやかで明るい。

　この点は、日本より自然環境が厳しい国々と比べると、明確な相違として現われています。

　人間が自然に飛び込んでいく。そして自然もそれを受け止めてくれる。そこで人間と自然との交流というものが非常に強くなる。そのような関係性があるように思います。

　日本の自然の豊富な恵みが、その明るさの基本になっている。

　たとえば、「楽園というものがもしあれば、こういうことをいうのではないか」というような記述が、アイヌの伝承記述のなかに

照葉樹（クスノキ）

も、たくさん出てきます。川へ行けば、魚が獲ってくれといわんばかりに泳いでいる。山へ入ればキノコがたくさんある。そして、清冽な水が豊富にある。

　人間が生存力を発揮すればするほど、自然がそれに応えてくれる。そのような、自然と人間との素晴らしい呼応関係が、日本では成立していました。

　凄まじいエネルギーが、自然から来る。人間も、全幅の信頼を置いてそのエネルギーを受け止める。つまり、自然と人間が凄まじいエネルギーの交流を果たしている。そういう構図が、風景が、どうしても見えてきます。

　そこには間違いなく、力強くダイナミックな精神性があります。

　この事実を、いま日本人は忘れているのではないでしょうか。と

かく現在の日本人は、「中国人は、荒っぽいけど力があるからね」とか「アングロ・サクソンは、エネルギッシュで」などといいます。しかし、むしろ健全で明るい生存力が、日本のベースを形づくっていることを自覚すべきでしょう。

　日本人の根源にそのエネルギーが色濃くあることを忘れないでいたいものです。

第2講

「運の強さ」と「達人の先見性」
…神との一体化の恩恵

人智を超えた存在・神との一体化

　前講で、「自然と人間との素晴らしい呼応関係が、日本では成立していた」と述べました。

　そこで日本で成立したのが、「さかしらを排して、自然の凄まじい力との一体化」を成し遂げようとする日本人の精神性です。「さかしら」とは、利口ぶって、出過ぎたふるまいをすることです。日本人はそうではなく、相手に寄り添い、凄まじい力に抱かれて、その力と一体化しようとするのです。

　その精神性には、やはり日本の自然のあり方が大きく影響しているといえましょう。前講で「人間が自然に飛び込んでいく。そして自然もそれを受け止めてくれて、そこで人間と自然との交流というものが非常に強くなる。そのような関係性がある」と書きました。

　自然の奥底には、人智を超えた凄まじい力がある。日本人は古来、そのような人智を超えた力を「神」と呼んできました。

　ときに自然は、荒ぶる神として、人間に災害を与えることはありますが、基本的には豊かな恵みをくれる。であれば、いかにしてそのような凄まじい力と一体化するかが重要になります。

　一体化とはどういうことか。

　要するに、人間としての人工性をなるべく排除することにより、自分も自然の一員のように、自然と同一の呼吸、同一の息吹というものになっていく。それが人智を超えた自然との一体化ということです。そのようにしてこそ、人智を超えた神なる存在とその力を駆使することもできるようになるわけです。

　実は、そのような精神的な態度が日本人のベースにあったからこそ、海外から老荘思想や仏教、禅などが日本に伝来して以降、それらのいずれもが、日本できわめて高度に発展したのです。まず相手

と呼吸を合わせ、相手との一体化を志向していく。その精神性がなければ、仏教も禅も儒教も老荘思想も、あそこまで日本で発展することはなかったはずです。

日本にはその淵源として、その土壌に、人智を超えた力を味方につけるだけの人間的な広がりが培われていました。あるいは自然と融合していくためのコツのようなものが、自然に備わっていたといっていいでしょう。

┃「運の強さ」の本質とは

もう一つ、そこから出てくるのは、「運の強さ」の本質です。

日本人は、「人智を超えた存在である神と一体化することができたかどうか」を、「運の強さ」と表現してきました。

たとえば「今日は獲物がたくさん獲れた」というときも、「今日は運が良かった」といいます。あるいは逆に「今日は下手をしたら命が危なかったけれど、不思議にスッと救われた」というときも、「今日は運が良かった」と考える。いずれも「神さまのおかげ」と理解していたはずです。

人智を超えた凄まじい力＝神が、自分を助けてくれる。良きにつけ、悪しきにつけ、必ず神が助けてくれる。そこには、「神さまのおかげ」という信頼と一体感があります。

このような神について、まず非常に重要なのは、「見えない存在」であることです。「これが神です」とはいえない存在だからこそ、「見えないものを見る」ことが大切になります。

なにしろ、見えない神を、あたかもそこに存在しているかのように感じ、意識するわけです。これは要するに、仏教哲学者の鈴木大拙（明治3年〈1870年〉～昭和41年〈1966年〉）がいう「直観・直覚」という禅の奥義の基本に通じるものです。

日本の場合、そのような精神性が、すでに古代から十二分に備わっていたといっていいと思います。

日本の祭祀の淵源には、縄文文化が色濃くあると私は思います。

万物に宿る人智を超えた凄まじい力に霊力を感じ、それに対して、われわれの恭順の意を表わす。一体感を求めていく。これは「アニミズム」といって、世界の各地で見られるものです。

鈴木大拙
(明治3年〈1870年〉〜昭和41年〈1966年〉)

この世界には、霊力という、人智を超えた非常に大きな力があって、それと一体化したときは運が強くなる。助けも得られる。そのようなアニマ＝霊力への認識が、とても重要だったはずです。

私は、神道の基本は、縄文時代にすっかりできあがっているといってもいいのではないかと思います。

われわれは、そのような感覚を、いまだにどこかで引きずって生きている。その自覚をもう1回持つことが重要です。

名人、達人とは明日を見通すことができる人

さて、祭祀やお祭りごとを定期的に開いてくると、祭祀場というものが必要となります。

たとえば、日本にもアイルランドやイギリスにも「ストーンサークル」がありますが、これはまさに祭祀場でしょう。

実は私は、ある神社の秘密のストーンサークルを見に行ったことがあります。

私が17、8歳だったときのことですが、とある神社に「ここから人間は入ってはいけない」といわれる霊的な場所があることを知り

ました。まだ若かった私
は、どうしてもそこに入り
たいと思ったのです。入っ
てはいけないといわれる
と、「何があるんだろう」
と余計に気になります。
　ためしに、「そこに入る
とどうなるんですか」と尋

ストーンサークル（イギリスのストーンヘンジ）

ねてみると、「命は保証できないんだよ」という答えが返ってきま
した。しかし、私はもう、「いったい何があるかを知りたい心」を
押しとどめることができませんでした。
　そこは、ある山の上にある、その神社の本宮でした。行ってみる
と、そこにはストーンサークルがありました。
　その光景を見たとき、イギリスのストーンサークルを想起して、
深い感銘を覚えるとともに、聖なるものを求める人間の心は同じな
のだと思いました。
　私は、ストーンサークルには、天文観測のためという目的もあっ
たのではないかと考えています。
「未来のことを見通す力」は、まさに「神の力」ともいえるもので
す。要するに、明日が予測できるかどうかは、とても重要なことで
す。昔は、天文観測もそのような目的で行なわれていました。
　私は若い頃、ある会社の文化誌で、「日本の名人を探る」という
企画を10年間ほどやっていたことがあります。ですから、ものすご
い数の名人、達人にお会いすることができました。
　そういう方々に、「名人、達人というのは、何ができる人なので
すか」と尋ねると、ほとんどの人が、「明日、明後日を見通すこと
ができる人だ」と答えました。
　なるほど、ものづくり職人の名人にしても、この素材のどこをど

うすると、どういう仕上がりになるということが、パッとわかる人のことです。農業の名人は、作物がどうなるかがわかり、どうすればよく育つかがわかる。漁業の名人も、明日、海がどうなって、魚がどこに行くかがわかる。株の名人や、流行をつかむ名人も、皆さん、明日、明後日が見える人です。

天竜川の投網名人に学ぶ名人の本質＝準備

1つの例を紹介しましょう。

天竜川に投網の名人がいらっしゃいました。驚くべきことに、その名人1人で、5、6人に匹敵するほどの鮎の漁獲があるのです。

どうやっているのかと思い、その名人のご自宅に電話をして、「取材に行きたい」とお願いすると、「わかりました」とお返事をいただきました。「いつ、どこにうかがったらよろしいでしょうか」と聞くと、名人は「10時に自宅に来てください」とおっしゃいます。

「わかりました。午前10時にご自宅にうかがって、そこから天竜川へ一緒に行くということですね？」と返すと、「いや、そうじゃないんだ。投網を打つ前日の夜10時に来てくれないとダメなんだ」というわけです。

「ええっ？　夜の10時に行っても、何にも見えないのではないですか」と聞くと、「いや、見えるんだよ。とりあえず家へ来てくれよ、夜10時に」とおっしゃる。

そこで約束の日の夜10時に、その名人のご自宅にうかがいました。すると、ご家族が玄関に出てこられたので、ご挨拶をすると、「ああ、聞いてますよ。2階でいま、支度をしていますから2階へ上がってください」といわれます。

2階へ上がってみると、そこには明日の準備と思われる網や重り

などが、ものすごくきれいに並べられていました。それを名人がじっと見て、「これはもうちょっと、こうしたほうがいいな」といって入念に準備をしているのです。

　ここが名人の本質なのだ、と痛感しました。「名人が投網をパーッと投げさえすれば、たくさん獲れる」などと安直に考えるのは、文字どおり「素人考え」です。つまり、「最高の準備を、きちんとしている」ことが、名人の名人たるゆえんなのです。

　これに関しては、ほとんどの名人がそうでした。

　どうして、そういう万全の準備ができるのか。

　それは、「明日はこういう状況になる」ということが、わかるからです。たとえば、明日の朝6時の天候はこうなって、気温や水温が何度くらいか。そこから温度はどのように上がっていくか。それがわかれば、鮎が川のなかのどこの、どれくらいの深さにいるかもわかる。それを予見して、それに最適な準備をして、それがピタッと予測どおりに合えば合うほど、たくさん漁獲があがるのです。

　そこが最重要な点なのですが、しかし、そこまで誰もができないし、読み切れるわけではない、というわけです。

　ほとんどの名人、達人が、「準備を見てもらいたい」とおっしゃいました。準備にこそ、名人性・達人性があることがわかって、とても勉強になりました。

神との一体化によって「見えないものが見える」

　名人や達人は、「明日が見える」つまり「見えないものが見える」から、最善の準備ができるわけです。

　たとえば、いま紹介した投網の名人は、夕方が重要だとおっしゃっていました。夕焼けがどういう夕焼けか、どのように日が暮れていくのかに、とてもたくさんの情報があるというのです。「夕焼け

読み」といって、夕焼けが読めないとダメだと。これは、まさに天文観測に他なりません。

　自然採取経済であった縄文時代に生きていた縄文人たちにとっても、「明日が見える」つまり「見えないものが見える」ことは、死活にかかわる重要な能力だったはずです。

　そのために、「神と一体になる」ことが大切だったのでしょう。一体感を持つためには、いまでいう禅の呼吸法のようなものも、駆使していたのではないでしょうか。

　自然と融合して、人智を超えた、自然の一部である絶対的な力と一体化する。そのことによって、明日が見えてくる。その境地を大切にしていたのではないかと思うのです。

　ストーンサークルが、そのための場であったと考えると、とても腑に落ちます。人智を超えた力に感謝を捧げ、その力と一体になることで、見えないものを見る力を養い高めていく。そのように考えていくと、祭祀の本質も、おのずと理解できるようになるのではないでしょうか。

本居宣長が説く「神信仰」
…神道の本当の姿に迫る

本来の神道と「国家神道」は別物である

　さて、これまで幾度も、日本の地理的特性に基づいて考えることが重要であることを指摘してきました。日本の地理的特性は、やはり、「森林・山岳・海洋・島国国家」であることです。

　そして、この地理的特性のなかで培われてきた精神性について、ここまで考えてきました。

　当然、日本人にとっての「神」観念も、この地理的特性に根ざすものです。

　日本古来の「神」観念がどのようなものであったか。現代風にいえば、それは「神道」の姿だということになるでしょう。しかし、ややこしいのは、現代において「神道」というと、どこかで明治以降の「国家神道」と重ねて考えられてしまうことです。

　私がここでいっている神道は、「国家神道」という意味での神道ではありません。どちらかといえば「神信仰」、要するに縄文時代から脈々と続いてきた信仰心としての神道です。

　なぜ、そのようにわざわざ区別しなければいけないのかというと、やはり明治以来の国家神道は、本来の神道の姿とは異なるものだと思えてならないからです。

　そもそも、国家神道が形づくられていったのは、明治以降、日本をいかに近代国家にしていくかということを考えたときに、西洋の国家とキリスト教会のあり方に注目した当時の日本人が、近代国家と宗教のあり方に悩んだことが、1つの契機でもありました。

　西洋の近代国家は、国家が、法制や経済政策、国防・治安などを担っている。しかし、その国家という殻のようなもののなかに、キリスト教の教会社会が厳然と根づいている。そして、道徳や相互扶助などの「人の生き方」に関わる部分は教会社会が担っている。そ

れを両立させなければ、近代社会とはいえないのではないか……。

明治の頃はまだ、西洋社会でもキリスト教社会の存在感が圧倒的に高かった時代です。幕末から明治にかけて、西洋社会を見聞した日本人には、近代社会とはそのようなものであると映りました。

そこで、国王が首長を務めるイギリス国教会なども参考にしつつ、「国家神道」の姿をつくりあげていったともいわれます。

本居宣長
（享保15年〈1730年〉～享和元年〈1801年〉）
六十一歳自画自賛像

いわば国家神道には、近代化のための促成栽培のような面があり、神道の姿とはいえない要素も、多分に入り込んでしまっている。そのため、神道の本当の姿が大きくねじ曲げられて理解されてしまっている部分があるように思われるのです。

では、どこに立ちかえって神道を論ずるべきかというと、本居宣長（享保15年〈1730年〉～享和元年〈1801年〉）です。

本居宣長と『古事記伝』への道

本居宣長は、伊勢国・松坂本町（現：三重県松阪市）の生まれです。父・小津三四右衛門定利は、木綿などを商う店を江戸にも持つ豪商で、宣長は次男として生まれました。宣長も、江戸に商売修行に行くなどしましたが、あまり商いには関心が持てなかったようです。加えて、父が亡くなると家運が傾いてしまったこともあり、宝暦2年（1752年）、23歳の宣長は京都に医術の修行に行きます。

京都で医術を学ぶかたわら、儒学を
堀景山（元禄元年〈1688年〉～宝暦7年
〈1757年〉）に学びますが、堀景山は荻
生徂徠の学問や日本の古典文学にも詳
しく、宣長は大きな刺激を受けます。

とりわけ、堀景山から国学者の契沖
（寛永17年〈1640年〉～元禄14年〈1701年〉）
について教えてもらったことが、宣長
の学問の大きな契機になりました。

契沖
（寛永17年〈1640年〉～元禄14年〈1701年〉）

　宝暦7年（1757年）に、宣長は28歳で松阪に帰り、医者を開業し
ます。その後、医者として生活を送りながら、宣長は精力的に研究
を重ねていきます。

　和歌を論じた『排蘆小船』や『石上私淑言』。「もののあはれ」の
見地から『源氏物語』を論じた『紫文要領』や『源氏物語玉の小
櫛』。学問論をまとめた『初山踏』など、多くの本を著しています
が、とりわけ重要なのが『古事記伝』です。この『古事記伝』によ
って、『古事記』読解の道が切り拓かれたのです。

『古事記』は万葉仮名混じりの変体漢文で書かれているので、それ
まで多くの人が正しく読めませんでし
た。

　実は、本居宣長の前から、『古事記』
を解読したいという熱は高まっていまし
た。契沖に大きな影響を受けた荷田春満
（寛文9年〈1669年〉～元文元年〈1736年〉）、
その弟子の賀茂真淵（元禄10年〈1697年〉
～明和6年〈1769年〉）、さらにその弟子の
本居宣長というように、研究は脈々とつ
ながれてきました。

『古事記伝』（本居宣長著）

まずは万葉仮名を正しく読み解くために、『万葉集』の研究が行なわれました。

　昔は教科書にも載っていた「松坂の一夜」という有名な話があります。

　本居宣長はいまの三重県の松坂に住んでいましたが、宝暦13年（1763年）5月、賀茂真淵が伊勢の神宮への参拝のため、松坂に来ていることを聞きます。

　当時34歳だった本居宣長は、なんとしても賀茂真淵に会いたいと思います。賀茂真淵はそのとき67歳でした。そして本居宣長は手を尽くして賀茂真淵の宿を訪れて、その念願を果たすのです。

荷田春満
（寛文9年〈1669年〉～元文元年〈1736年〉）

賀茂真淵
（元禄10年〈1697年〉～明和6年〈1769年〉）

　本居宣長は入門を願い出て、そして『古事記』を研究したいという志を述べます。すると賀茂真淵は、何といったか。

　賀茂真淵が強調したのは、『古事記』研究のためには、『万葉集』を解明することが必要だということでした。

　賀茂真淵が一生をかけて万葉の勉強をしたのも、そのためでした。「日本とは何か」を追究するためには、まず古代文字に精通しなければ、何もわからない。そのためには万葉仮名や、『万葉集』の言葉がわからなければいけない。

　賀茂真淵は本居宣長にこういったそうです。「私は『万葉集』の研究で終わってしまう。日本というものの根幹を追究するところま

でいかなかった。ぜひ後を継いでくれ」と。

　その言葉に胸を打たれた本居宣長は、そこからさらに研究に邁進します。両者が実際に会ったのは、その一晩のみ。その後、本居宣長は、賀茂真淵に真剣勝負の文通で教えを請いながら、さらに研究を進めていったのです。

　本居宣長は『古事記伝』の執筆に明和元年（1764年＝松阪の一夜の翌年）から寛政10年（1798年）までの35年もの年月をかけました。『古事記』の読解を通じて、日本の心をとことん追究したのです。

本居宣長の「カミ」の定義

　本居宣長にとって非常に重要なのは、「漢意（からごころ）」が入る前の自分の国のあり方でした。

　漢意とは何かというと、外国の思想や倫理観、文化です。日本には530年代に仏教が入ってきたといわれます。その前に儒教が入って、さらにその前に老荘思想が入ったといわれています。

　そのような外国思想が入る前の、俗にいう「大和心（やまとごころ）」を徹底的に問う必要があると、本居宣長は考えたのです。

　では、日本の心を深く探究した本居宣長が考える、日本の「神信仰」の基本的な概念は何か。

　本居宣長は、こんな言葉を残しています。

《凡（すべ）て迦微（かみ）とは古御典（いにしえのみふみ）等に見えたる天地の諸（もろもろ）の神たちを始めて、其を祀れる社に坐（い）す御霊（みたま）をも申し、又人はさらにも云はず、鳥獣（とりけもの）木草のたぐひ海山など、其与（そのほか）何にまれ、尋常（よのつね）ならずすぐれたる徳（こと）のありて、可畏（かしこ）き物を迦微（かみ）とは云なり》（本居宣長『古事記伝』三之巻）

　つまり、「動物や植物、海や山、その他なんであれ、普通ではな

大神神社の大鳥居と三輪山

い優れた力や徳があり、畏れ多いものを『カミ』という」というのです。

　なるほど、このような「神」の姿は、「日本の古いお社の御神体がどこにあるか」ということにも表われています。

　たとえば、最古の神社といわれる福岡県の宗像大社や奈良県の大神神社に行って、「こちらの御神体は？」と尋ねると、「あの島です。沖ノ島です」とか「あの三輪山です」という話になります。つまり、すべて自然のなかにあるのです。

　だから、古いお社は、本殿があるかたちではなく、自然のご神体を拝礼するための場所＝遥拝所が設けられているかたちでした。

　簡単にいうと、森林や山岳、海、森などの奥底に人智を超えた巨大な力があると感じとり、それを「神」と呼んだのです。「神の発見」ともいえるでしょう。

神は感じるもの…日本人の鋭い感性と深い精神性

　自然が神です。しかも、神を感じとらなければいけません。

　これはなかなか、不確実で不安定なものです。「神なんかより、お金のほうがよっぽどいい」などと考えている人は、自然のなかに神の存在を感じることはできないでしょう。

　そのような、ある意味では、安定的に残せるかどうか非常に危うい世界が、なお連綿と、時代を超えていまだに生きているのが日本の神道だということです。

　存続の危うさの象徴として、日本の神道には、「神像」がほとんどありません。仏教の場合は「仏像」がありますが、神道で「神像」というのは、あまりお聞きになったことがないと思います。仏教伝来以降、仏像の影響を受けて「神像」がつくられたこともありましたが、定着したとはいえません。

　日本は多神教の地域ですが、もちろん世界には、古代ギリシア、古代ローマ、インドなどの多神教の地域はありました。しかし、古代ギリシアなどでは盛んに神像がつくられたのに、日本では、ほとんど神像がつくられませんでした。なぜ、日本は神像を持たなかったのでしょうか。

　持ちようがないのです。自然イコール神、神イコール自然だからです。

　自然イコール神、神イコール自然というあり方を、われわれは心のあらんかぎりを尽くして感じ、心で見る。そういう「まことの精神」をもって、自然とつきあってきたということです。

　したがって、そこから出てくるわれわれの特性、日本民族としての特性は「鋭い感性と深い精神性」です。

「鋭い感性と深い精神性」がなければ、このように頼りない信仰は

続いてこなかったでしょう。

　外国の人はよく「神道は宗教ですか」と聞きますが、率直にいって、宗教とは言い難い部分も多い。

　よく宗教の条件は「教祖がいること」「教典があること」「教団があること」などといわれますが、この3つとも、神道にはあるかどうかが不確かです。古来、たくさんの神が祀られてきたので、誰が教祖なのかという問いが通じない。大元をなす教典らしきものもない（もちろん、後世につくられたものはありますが）。また、ときには他宗教を排撃するような強固な教団組織があったかというと、そういうものも思い当たらない。むしろ、仏教とも「習合」して共存してきた歴史がある。

「宗教とは言い難い」とは、つまり、とても実体をつかみにくい信仰であることです。「これが神です」と示さずに、「神を感じてください」というわけですから。とすると、鈍感な人は感じられないかもしれません。

　したがって、日本人は「神とは何ですか」と聞かれたら、「それは、いえません」と答えざるをえません。

　にもかかわらず、その信仰がいまだにずっと続いている。全国に8万社を超える神社がある。それぐらいわれわれは、実は日本の風土に根ざした神信仰に徹しているともいえるのです。

　正月になると、神社に行く方が多くいらっしゃいます。初詣という風習は、何気なく毎年行なわれていますが、凄いことだと再発見すべきです。

　それは、現代でも日本人が何かを感じている証だからです。「ありがたいもの」という感覚かもしれません。あるいは、自然に満ちるエネルギーの何かをつかんでいるのかもしれません。

　いずれにせよ、神道は「何かを感じる、鋭い感性と深い精神性」がなければ成り立たないものなのです。

『古事記』に記された生命力と生成力…ムスビについて

『古事記』冒頭に出てくる「ムスビ」

　第1講で、日本文化の基底には「エネルギッシュで創造性豊かな縄文文化がある」と述べました。

　その創造性あふれるエネルギッシュな生命力と生成力は、本居宣長が読み解いた『古事記』にも、明確に記されています。

　まず、この『古事記』の冒頭の記述が非常に重要です。ぜひ、実際に音読して五感で感じていただきたいと思います。

《天地の初発の時、高天原に成りませる神の名は、天之御中主神》

　天之御中主神という神さまが根本的にあるわけです。そして「次に」と続きますが、ここが重要です。

《次に高御産巣日神、次に神産巣日神。この三柱の神は、ともに独神に成りまして、身を隠したまひき》

　独神、要するに「ひとり」だということは、非常に純粋性を持った神だということです。

　天之御中主神の次に登場する、高御産巣日神と神産巣日神ですが、この「ムスビ（ムスヒ）」が大切です。『古事記』では生産の産の「産（うむ）」、鳥の巣の「巣」、それから「日」つまり太陽で「産巣日（むすび）」と書きます。お日さまのエネルギーというものを媒介とするような、生産性を非常に強調した、そういう神々のことをいっていると思っていいでしょう。

　『日本書紀』にも同様の記述がありますが、『古事記』で「産巣日」と書いている部分を「産霊」と書いています。「産み出す霊」と書

天地の初発の時、高天原に成りませる神の名は……

いて「ムスビ」。「霊」というのは、まさにアニマです。

　本居宣長はこの「産巣日（ムスビ）」について、『古事記伝』で次のように解釈しています。

《産巣日は、字は皆借字にて、産巣は生なり。其は男子女子、又苔の牟須〔万葉に草武佐受などもあり。〕など云牟須にて、物の成出るを云ふ》
《日は、書紀に産霊と書れたる、霊の字よく当れり。凡て物の霊異なるを比と云》
《されば産霊とは、凡て物を生成すことの霊異なる神霊を申すなり》（本居宣長『古事記伝』巻三）

　つまり「ムスビ」の「ムス」は「生す」であり、「ムスコ」や「ムスメ」、「苔むす」などの「ムス」と同じで、物が成り出ずることをいう。そして「日」は、『日本書紀』に「産霊」と書いてある

とおり「霊」の字がよく当たっている。すべてものの霊異なものを「ヒ」という。すなわち、「ムスビ」はすべてのものを生成していく霊異な神霊のことである——そう宣長は説明したのでした。

『古事記』で、冒頭から高御産巣日神と神産巣日神が登場するということは、産霊が生み成す「クリエイティビティ」、つまり「創造するのだ」「どんどん産み出すのだ」という生成発展のエネルギーが、日本の中心をなす神なのだと、明確に述べているということです。そこが、非常に重要なのです。

日本人は、そのような考え方を、縄文の昔からずっと持ってきた民だということです。

日本国土自体がエネルギーの塊

さて、「生命力あふれるエネルギッシュな創造性」という部分では、先ほど引用した次の箇所にさらに凄い記述があります。

《次に国稚く浮ける脂の如くして、海月なす漂へる時、葦牙の如く萌えあがるものによりて成りませる神の名は、宇摩志阿斯訶備比古遅神。次に天之常立神。この二柱の神もみな独神に成りまして、身を隠したまひき。上の件、五柱の神は別天神》

「国稚く浮ける脂の如くして、海月なす漂える時」というのは、まだ国がそれなりのかたちになっておらず、クラゲのように漂っているような、そういうときです。

次の「葦牙の如く萌えあがるものによりて」は、まさに名ゼリフです。葦の新芽が萌え立つ、つまり芽がいっせいに芽吹いていくような勢いを表わしています。

長い冬が終わって春になり、雪に閉ざされていた田んぼへ行く

と、だいぶ雪も解けて地面が現われてきている。よく見ると、いろんな芽が、いっせいに芽吹いている。まさに日本の生命力や生成力がいっせいに起き上がってくる。そのことを「葦牙の如く萌えあがる」と表現しているのです。

宇摩志阿斯訶備比古遅神は、そのような生命力の神格化です。そして、「天」の出現とその永続性を象徴する神である天之常立神も、そのエネルギーから生まれ出てきます。

『古事記』では、さらに神さまたちが「成りまして」いきます。

葦牙（あしかび）の如く萌えあがるものによりて

《次に成りませる神の名は、国之常立神。次に豊雲野神。この二柱の神も、独神に成りまして、身を隠したまひき。次に成りませる神の名は、宇比地邇神、次に妹須比智邇神。次に角杙神、次に妹活杙神。次に意富斗能地神、次に妹大斗乃弁神。次に於母陀流神、次に妹阿夜訶志古泥神。次に伊邪那岐神、次に妹伊邪那美神》

次に生まれ出てくる国之常立神は、要するに国の創立に関わる神さまです。それからも続々と神さまたちが成りましていき、そして

遂に、伊邪那岐神と伊邪那美神が生まれ、この二神が結ばれて「国
生み」をしていくことになるのです。

　日本の国が生まれていく過程を、このように生命力と生成力のエ
ネルギーによって次々と神さまが「成りまして」いく姿として表現
しているわけです。

　まさに『古事記』は、1万年以上続いた縄文の気風やエネルギー
を、非常に象徴的かつ簡明に表わしているのです。

世阿弥と縄文のエネルギー
…夢幻能が秘めるアニマの噴射

世阿弥とアニマの関係

　さて、いままで縄文のエネルギーについてお話ししてきました。では、その後、縄文のエネルギーはどのように表われるのか。

　本講では、日本文化の集大成者ともいえる世阿弥（正平18年／貞治2年〈1363年〉？～嘉吉3年〈1443年〉？）から考えてみたいと思います。

　世阿弥と、これまでにお話しした縄文のエネルギーとの関係はどのようなものだったか。これが非常に重要で、世阿弥だけではなく、千利休（大永2年〈1522年〉～天正19年〈1591年〉）も、松尾芭蕉（寛永21年＝正保元年〈1644年〉～元禄7年〈1694年〉）もそうです。みんなに共通していえることが、日本人の奥底に眠る縄文のエネルギーと関係があるということです。

　縄文のエネルギーは、常に明確に影響しているというものではありません。時々、バッと噴射する。そのようなあり方が基本です。近代でいえば、たとえば戦後の復興などの折に、凄まじい力が発揮される。そのようなものが重要だということです。

　では、いかにすれば、そのような凄まじい力が噴射されるのか。それにはまず、噴射しやすい状況や環境がなければいけません。ところが、いまの社会は理屈ばかりいっています。古代人のように純粋無垢で天真爛漫に喜ぶようなことも稀です。喜びについて分析して「それは喜ぶべきことだ」とか、「喜ぶことは、メンタルヘルスにいい」などといっています。でも、そんなことではないのです。それは日本人らしくないと

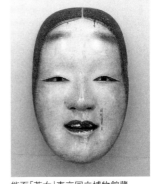

能面「若女」東京国立博物館蔵

48

いっていいでしょう。

世阿弥の父・観阿弥

　ここから世阿弥という人を通して、縄文のエネルギーがどのように噴射したのかを話したいと思います。

　いうまでもないことかもしれませんが、世阿弥についての前提として言及しておきたいのは、世阿弥を語るには必ず父の観阿弥（元弘3年／正慶2年〈1333年〉～元中元年〈1384年〉）を語らざるをえないということです。

　観阿弥の出自は一説には伊賀の豪族の服部氏であり、母は楠木正成の姉妹だともいわれます。この説には異論もあり、現時点では明確にはわかっていません。

　さて、その観阿弥が大成した能とはどういうものか。

　まずはそのルーツともいわれる猿楽、さらには田楽について見てみましょう。

　猿楽は、日本古来の滑稽な芸能に、8世紀に中国大陸から伝わった「散楽」が加味されてできあがったものだといわれます。ものまねや軽業・曲芸、人形劇や歌舞音曲などさまざまな芸能が含まれていました。やがて滑稽な寸劇が人気を博すようになり、さらに寺社の祭礼や法会で演じられるようになったので、寺社の由縁や神話、仏教説話などを劇仕立てにするような要素も加味されていきます。

　一方、田楽の由来は、いわゆる「労働歌」です。どこの国でも、厳しい労働には必ず歌がつきものです。たとえば、ブルースという音楽が、なぜアメリカで起こったのかといえば、綿摘みの労働歌としてです。苦しいときは歌が助けてくれる。歌は多くの人の支えになるのです。

　田楽能も同じです。田んぼや畑など、農作業は肉体的に非常に厳

しいですから、なんとかそれを和らげる方法はないかというとき
に、傍らに田楽一座が来て、トントコトントコとやっていると、軽
快に労働が進んでいく。「今日は田楽一座を呼んであるから、田植
えを一挙にやってしまおうよ」ということになる。

　現代でいえば、何かの特別なときにバンドを呼んできて盛り上げ
るようなものかもしれません。

　この猿楽と田楽が、互いに切磋琢磨し、影響しあいながら発展し
ていきました。

　観阿弥は、とある猿楽一座の一員として活躍し、やがて自らの一
座を立ち上げていくことになります。

高度な芸術としての能を目指した観阿弥

　観阿弥という人は、自身の芸をどんどん磨きあげていきます。観
阿弥は、田楽でも猿楽でも、良いところを取り込み、芸をより高度
なものにし、さらに優美なものにもしていったといわれます。さら
に数多くの謡曲（台本）も書いて、他の座を圧倒しました。観阿弥
が率いる一座は、神社や寺院で演じる寺社猿楽でも大いに人気を博
していきます。

　さらに観阿弥は、公家を相手に演じたり、足利将軍が御成になっ
たところで演じたりして、将軍にかわいがっていただけるような一
座に育てなければいけないと、戦略を練るわけです。どうすれば、
将軍にも感動を与えられるような洗練した一座になれるのかを、よ
く考えた。

　ここまでの実力と人気の持ち主であれば、たいていは「自分がや
れば、もっと洗練できる」と考えそうなものです。しかし、観阿弥
の凄いところは、そうは思わなかったところです。「いや、無理だ。
それは息子の役割だ」といって、息子の世阿弥に託したのです。

息子の世阿弥に、和歌、連歌、蹴鞠などといった公家の教養を徹底的に教えて、公家の子弟ができることは全部完璧にできるようにする。そうして、観阿弥は自分の夢を全部息子に託した。そういう親子なのです。

将軍・足利義満に庇護される

　そして本当に観阿弥が描いた戦略どおり、どんどん進んでいく。元々、寺社猿楽で奈良の興福寺などを中心に活動していましたが、やがて京都にも進出し、醍醐寺での7日間興行を成功させるなど、名を高めていきます。

　そしていよいよ文中3年／応安7年（1374年。1375年説もあり）に、新熊野神社で猿楽能が開催されたときに、時の将軍・足利義満が観覧して大いに気に入り、観阿弥、世阿弥を庇護することになります。世阿弥は正平18年／貞治2年（1363年）頃の生まれとされますので、そのとき12歳前後ということになります。

　そして、天授4年／永和4年（1378年）の祇園祭の折には、上流階級のVIP席ともいえる桟敷席で足利義満に近侍するほどの関係になっていました。

　皆さんよくご存じの祇園祭は、実は非常に象徴的なお祭です。祇園祭は、京都の八坂神社の祭礼で、貞観11年（869年）に疫病が大流行した折に始まりました。

祇園祭（狩野永徳筆『洛中洛外図屏風』より）

八坂神社で信仰されてきた牛頭天王は悪い疫病を防ぐ神として知られます。

　明治以前の日本では、いろいろな神さまや仏さまが「習合」していました。神を重んじて仏を排撃したり、逆に仏を信仰して神を根絶やしにしたりするのではなく、「この神さまは、この仏さまが姿を変えて現われたものだ」などと重ねあわせて信仰したのです。

　牛頭天王は、日本神話のスサノヲノミコトと同一視され、さらに仏教で病苦から救ってくれるといわれる薬師如来と重ねあわせられて信仰されていました。特に京都のようなところは、密集地で人が非常に多かったので疫病の危険性も高く、八坂神社をつくって牛頭天王を祀ったのです。

　ちなみに、明治元年に出された神仏分離令で神仏習合は否定され、八坂神社の祭神もスサノヲノミコトになりました。しかし、元々はスサノヲノミコトと牛頭天王が習合していた豊かな歴史があったことは、とても重要なことです。

　さて、話を観阿弥、世阿弥に戻しましょう。その八坂神社の祭礼である祇園祭で、将軍の隣に誰が座るかというのが、当時は都中の衆目を集めていました。暗黙のうちに、「いま将軍が一番気になる人、評価しているのはこの人だ」ということを皆に見せつける機会でもあったのです。

　その場に、「大和猿楽の児童」つまり世阿弥が座ったわけです。公家などは「芸能者の分際で将軍の隣に座るとは何だ」と思ったという記録も残っています。

　逆にいえば、将軍がそれほどに世阿弥を買っていたということでもあり、そういう意味でも観阿弥の戦略はものすごく効果的だったということです。

　観阿弥は、そのように成功を収めていきましたが、芸事への情熱を失うことはありませんでした。晩年まで公演を日本各地で続け、

亡くなったのも、駿河（現在の静岡）での公演の折のことでした。元中元年（1384年）、享年52でした。

　父が亡くなったとき、世阿弥は22歳でした。若くして時の権力者・足利義満の寵愛を受けましたが、しかしそれに驕ることなく、世阿弥も芸をさらに高めていきます。観阿弥よりも多い謡曲を書き、芸術論・能楽論も数多く残しました。

　しかし、そのように権力者の庇護を受けたからこそ、世相の流れに翻弄されることにもなりました。足利義満の後の将軍の好みに左右され、義満ほどに庇護されなくなります。さらに第6代将軍・足利義教からは冷遇・迫害されます。

　永享4年（1432年）には、座長を継いでいた長男の元雅が30代半ばで巡業先で客死してしまいます。当時も続いていた南北朝の争いに巻き込まれて暗殺されたともいわれます。そして世阿弥も、永享6年（1434年）に佐渡に流刑になります。72歳のことでした。

　その後、世阿弥は赦されて京都に戻り（嘉吉元年〈1441年〉に足利義教が暗殺されたからとも）、そして嘉吉3年（1443年）8月8日に亡くなったといわれます。

　世阿弥の晩年は、非常に悲劇的でしたが、しかしその芸術論は長く後世に残ることになったのです。

世阿弥の「夢幻能」……『井筒』を例に

　世阿弥の芸術を語るうえで、ぜひとも知っておいたほうがいいものがあります。それが「夢幻能」です。世阿弥の代表作の1つでもある『井筒』を例にお話しします。

　能は「シテ」という主役の能楽師と、その相手役である「ワキ」とで話が進められていきますが、夢幻能の場合、「シテ」が霊や神

などであることが大きな特長です。夢幻能の「ワキ」は旅の僧であったり旅の勅使であったりしますが、『井筒』では旅の僧です。

『井筒』は、旅の僧侶が、「これは諸国一見の僧にて候。我この程は南都七堂に参りて候。又これより初瀬に参らばやと存じ候」と述べるところから始まります。

「諸国一見の僧」とは、諸国を見物しながら念仏したり修行したりする人生を送っている人のこと。その諸国一見の僧が「私は奈良の七つの大きな寺を参拝して、これから長谷寺に向かおうと思っています」というのです。

するとその道すがら、古びた廃寺を通りかかった。そこで次のようにいいます。

「これなる寺を人に尋ねて候へば。在原寺とかや申し候程に。立ち寄り一見せばやと思ひ候」

つまり、この寺のことを人に尋ねたら「在原寺」だという。「であれば、立ち寄って一見しようと思いました」というのです。

季節は秋。ススキが生える寂しい景色です。「在原寺」というのは、在原業平がその妻（紀有常の娘）と住んでいたといういわれのあるところでした。常なき無常の世に夫婦の誓いを立てた在原業平と妻を弔おうと、旅の僧はその廃寺に立ち寄るのです。

すると、そこに「シテ」がスッと現われます。1人の「いとなまめける女性」、つまり優美で美しい女性がやってきて、井戸から水を汲み上げ、塚の前の花差しに水を入れ、花をお供えしようとするのです。

そこで、ワキの僧侶がまずその女性にこういいます。「如何なる人にてましますぞ」。これは通り相場の台詞で、「どのような方でいらっしゃるのですか」という意味です。

するとシテの女性が「これはこの辺りに住む者なり（私はこの辺りに住んでいる者です）」と述べて、こういいます。

《この寺の本願在原の業平は。世に名を留めし人なり。さればその
跡のしるしも、これなる塚の陰やらん。わらはも委しくは知らず候
へども。花水を手向け御跡を弔ひまゐらせ候。

（このお寺をお建てになった在原業平は世に名を留めた有名な方です。
ですから、そのお墓はこの塚の陰ではないかと思い、私も委しくは知ら
ないのですが、花と水を手向けて弔っているのです）》

　この言葉を受けて、ワキの旅の僧侶は、「いかさま故ある御身や
らん（在原業平と、あなたはどういう縁故の方ですか）」と尋ねる。そ
れに対してシテの女性がこう答えます。

《故ある身かと問はせ給ふ。その業平はその時だにも。昔男と云は
れし身の。ましてや今は遠き世に。故も所縁もあるべからず。

（縁故の者かとお尋ねいただきましたが、在原業平はその時代にも「昔
男」といわれた方です。ましていまは、それから遠く隔たった世です。
縁故もゆかりもあるはずがありません）》

　ワキの僧侶とシテの女性のやりとりが続きますが、女性は懐かし
さを覚えつつ、在原業平とその妻の故事を語りだします。2人の馴
れ初め、そして心を通わせて、夫婦の契りをした日々の話です。
　そのような話を交わした後、女性は「その妻は、恥ずかしながら
私なのです」と語り、その井戸の陰に姿を消す。
　ここまでのシテを「前ジテ」といいます。近隣に住む女性という
のは化身の姿で、実は在原業平の妻の霊だったのです。
　能の舞台では、ここで「アイ」が登場します。「アイ」とは、能
の前半と後半のあいだに登場して、前半の物語や状況を説明してく
れる進行役のことです。『井筒』では「里の男」がアイとして舞台

井筒のシテ（月岡耕漁「能楽図絵二百五十番」）

に登場し、ワキの旅の僧侶と対話しながら、在原業平夫妻の物語を語ります。

　アイの里の男と話し終えた後、ワキの僧侶は「夜もふけてきたので、柔らかい苔を寝床として寝ましょう」と述べる。そこでパッと変わって、ここから夢幻空間へ入っていくわけです。

　一度、去っていったシテが、もう一度現われます。ここからのシテを「後シテ」と呼びます。

　在原業平の妻が、業平の形見の衣をまとって登場してきて、2人で交わした言葉を語りかけながら、恋い焦がれている女性のエネルギーで舞い踊る。

　そして井戸に姿を映すと、そこには在原業平の姿が見える。「見ればなつかしや」と万感の想いをほとばしらせながら、妻の霊は消えていく……。

　そこで空は明るくなり、朝を告げる鐘の音が響き、僧侶は夢から

覚めるのです。

時空間を支配するアニマ

在原業平の妻が、万感の想いで舞い踊る姿。文字どおり、「霊」が舞うわけで、そこに働いているのは「アニマ＝霊の力」です

アニマが時空間を支配している。そのひとときは貴賤の別なく、位が上の人も貧しい人も皆、誰もがその霊力に支配され、それを見ている観客全体が巻き込まれてしまう。あの世とこの世の「囲い」がバッと断ち切られて、あの世からエネルギーが噴射する。

これは、いったい何なのでしょうか。

よくよく考えれば、結局、これは霊力を観客に徹底的に振りまいて終わるドラマなのです。この『井筒』の物語の深淵にふれると、霊力を振りまかないドラマなど意味がないとさえ思えてきます。

このアニマは、どこから来たか。私は、ここには縄文から連綿と伝わってきているアニマが、このような物語に現われていると思えてならないのです。

縄文からのアニマが、こうやって世阿弥の舞台から客席へ届けられる。それを見ている観客も、「ああ、おもしろかった。すっかり魅せられて興奮したけれど、しかし元気になった」といって帰る。

なぜ、ライブは人間を元気にするのか。それは、ライブ感の根底に生命エネルギーの躍動があるからではないでしょうか。それは日本の伝統から考えるならば、まさに縄文からのアニマの噴射ともいえるものです。

世阿弥は『風姿花伝』のなかで、次のように述べています。

《そもそも花といふに、万木千草において、四季折節に咲くものなれば、その時を得て珍しきゆゑに、もてあそぶなり。申楽も、人の

心に珍しきと知るところ、すなはち面白き心なり。花と面白きと珍しきと、これ三つは同じ心なり。いづれの花か散らで残るべき。散るゆゑによりて咲くころあれば、珍しきなり。能も、住するところなきを、まづ花と知るべし。

（そもそも花とは、万木千草において四季折々に咲くものである。人びとがそれを愛でて楽しむのは、四季折々のそれぞれの時に咲くので珍しいからだ。能も、人の心に「珍しい」と思うところがあれば、おもしろいという感動につながる。

　どの花であっても、散らずに残るものはない。散るからこそ、次に咲いたときに珍しいものになる。

　能も、1つのところに留まらないことこそが『花』なのだと知るべきである)》（世阿弥『風姿花伝』花伝第七　別紙口伝)

　第1講で、縄文土器の「縄の文様」や「渦巻きの文様」で象徴される「永遠の循環」について紹介しました。個々の終焉はあるけれども、次々に後継ぎが生まれていく。魂としては、むしろ永遠性を誇っている。そのような大きな円環運動です。

　この『風姿花伝』の「いづれの花か散らで残るべき。散るゆゑによりて咲くころあれば、珍しきなり」という世阿弥の言葉も、深く考えれば考えるほど、そのような永遠の循環のエネルギーを帯びているメッセージであるように感じられます。

　1つのものが散るからこそ次に生まれてくるものが新たな価値を帯びるということであり、個々の生き死にを超えた大きな生命エネルギーのなかで、どんどんと「成りゆく」ことの大切さを説くものであるように思えるからです。

　そのような凄まじい霊力というか、生成発展の力が、日本人の根底に流れていることは、けっして忘れるべきではないのです。

松尾芭蕉…生成発展する自然に感応する創造論

普遍的な歌心をもって四季の変化を愛でる

　前講の世阿弥に続いて、松尾芭蕉（寛永21年＝正保元年〈1644年〉～元禄7年〈1694年〉）について考えてみましょう。

　松尾芭蕉は、伊賀国（現在の三重県）の生まれです。藤堂藩の侍大将・藤堂良精の第3子・良忠（寛永19年〈1642年〉～寛文6年〈1666年〉）に仕えたといわれますが、良忠は蝉吟という俳号を持つほど、俳諧に入れ込んでいました、芭蕉は藤堂良忠と共に、京都の俳人・北村季吟（寛永元年〈1625年〉～宝永2年〈1705年〉）に師事して俳諧を学んだといわれます。

　しかし良忠は25歳で亡くなってしまいます。芭蕉はそれをきっかけに仕官を辞したようですが、その後の足取りは詳しくはわかっていません。延宝2年（1674年）に、北村季吟から俳諧秘伝書『埋木』の伝授を受けます（免許皆伝）。その後、江戸に出て、水道工事の仕事に携わりながら俳諧の道をさらに追い求め、延宝6年（1678年）頃に俳諧宗匠となります。俳諧師として独り立ちをし、蕉風と呼ばれる俳風を確立していきます。門人も数多く集まるようになります。

　芭蕉は、考えてみれば、ある種、ものすごいヒットメーカーです。芭蕉の俳諧には駄作がほとんどないという見方さえあります。そして、そのような意見が大いに説得力を持つほど、芭蕉の作品には大ヒット作があふれています。

　なぜ、彼はそれだけのヒットを出せたのか。この芭蕉の創造論は、ぜひ知

松尾芭蕉
（寛永21年＝正保元年〈1644年〉～元禄7年〈1694年〉）葛飾北斎画

っておいたほうがいいものでしょう。

芭蕉の創造力の「根幹」とは何か？

　芭蕉の創作の根幹は、「造化にしたがひて四時を友とす」という
ところにありました。

《西行の和歌における、宗祇の連歌における、雪舟の絵における、
利休の茶における、其貫道する物は一なり。しかも風雅における
もの、造化にしたがひて四時を友とす。見る処、花にあらずといふ
事なし。おもふ所、月にあらずといふ事なし。像花にあらざる時
は、夷狄にひとし。心花にあらざる時は鳥獣に類ス。夷狄を出、鳥
獣を離れて、造化にしたがひ、造化にかへれとなり。

（西行が和歌においてしたことも、宗祇が連歌においてしたこと
も、雪舟が絵においてしたことも、利休が茶においてしたことも、
その道を貫く物は1つである。しかも風雅〈俳諧〉の道は、「造化」
にしたがって、「四季の移り変わり」を友とするものである。

　見るものが花ではないということはない。想うことが月ではない
ということがない。目に見える姿が花ではないときは、野蛮人と等
しい。心に感じるものが花でないときは、鳥獣に類する。野蛮人を
脱し、鳥獣を離れて、「造化」に従い、「造化」に帰れというのだ）》
（松尾芭蕉『笈の小文』序）

　さて、ここでいわれる「造化」とは何でしょうか。

　この文章の現代語訳では「天地自然」などと訳されることも多い
部分です。もちろん、意味として「天地自然」は間違いではないで
すが、ぜひとも加味して理解したいニュアンスがあります。「造化」
は一瞬を写真のように切り取った、固定的なニュアンスではないと

いうことです。

「造」は文字どおり「創造」の「造」です。

「化」は「生生化育」などという場合の「化」です。何かの芽が出たとき、最初は何の芽なのか判然としない。しばらく経って少し成長してくると、「あっ、杉だ」「松だ」「梅だ」とわかるわけです。つまり、そのものが持っている天性、天分がバッと出てくるのが「化」ということです。

このような意味を見てくると、「造化」という言葉は、なんとなく第4講で紹介した『古事記』の冒頭部分を想起させるようにも思われてきます。生成発展していく宇宙や自然といったニュアンスが込められている「天地自然」なのです。

もっと解きほぐして考えた場合、私はここで芭蕉がいっている「造化」は、「歌心」といってもいいのではないかと思っています。要するに、「何か創ってやろう」という創造的意欲であると理解してもいいのではないかと思うのです。

眼前に広がる宇宙や自然は、生成発展していく動きのなかにある。その生成発展する自然に感応して、自らの心から湧きあがってくる創造意欲（＝歌心）。そのようなニュアンスが込められた言葉が、「造化」なのです。

それから、「四時」というのは、いまでは四季といっているものを、当時は四時と表現したわけです。要するに四季の折々の変化です。

ですから、「造化」とは、人間誰しもが持たなければいけない、生成発展する自然に感応する普遍的な歌心を指し、「四時」はどんどん変化していく四季の移ろいを指している。

普遍的な歌心を持って、移ろいゆく四季を愛でると、心のなかから、いろいろなものが湧きあがってきます。

芭蕉といえば、「不易流行」という言葉もあります。

これは『去来抄』(芭蕉の弟子の向井去来が、芭蕉や門人たちの俳諧論をまとめた書) に書かれた「不易を知らざれば基立ちがたく、流行を知らざれば風新たならず」という言葉が元になっています。

「絶えず変化する流行性にこそ、永遠に変わらぬもの (不易) の本質がある」と解釈されますが、この「不易流行」の大元に「造化にしたがひて四時を友とす」という考え方があると理解すれば、その真意がとてもわかりやすくなります。

「新しい流れを見つける力」でおもしろい人生を生きる

芭蕉は、「歌心」が詩人あるいは俳諧に棲む人にとって非常に重要であると主張しているわけですが、それはわれわれ一般の人間にとっても非常に大切なことです。

われわれにとっての「歌心」は、「新しい流れを見つける力」といってもいいでしょう。「ああ、そうか。こういう流れがあるんだ」と、新しい流れを見つける力です。

「新しい流れを見つける」とは、もっといえば、現代というものに、より敏感になる必要があるということです。

私は現代日本人の最大の欠点を1つ挙げるとすれば、時代に敏感な人がごくごく少ない点だと思います。誰もが鈍感になっているのではないでしょうか。

「時代に敏感」とはどういうことかというと、「おもしろく生きる」意欲と関係があるのです。「おもしろいことはないかな」「生きていくことを、おもしろくしたいな」「この時間をおもしろく過ごしたいな」などと、常にわくわくしていられるか。

街を歩いていても、何かおもしろいことはないかなと考える。そうすると、「えっ、こんな木がある。何だろう、これは?」と気づく。それこそ「四時を友とす」で、季節の移り変わりとともに、パ

ッと「おもしろい」ものに出会うことができるのです。

「おもしろい」というのは、別の言葉で「実験的に」といってもいいでしょう。

今日このときから、何かおもしろいことはないかと考え、そのことに徹して生きられるかどうか。それが、敏感と鈍感の差です。時代に敏感な人は皆、おもしろがりの人で、「おもしろい人生を生きてやろう」という意欲に満ちているわけです。

生成発展する自然に敏感に感応すれば、人生はおもしろくなっていく。そう、芭蕉は教えてくれているのです。

月日は百代の過客にして…無常観と絶対自由

もう1つ、松尾芭蕉の有名な文章を引用しましょう。『おくのほそ道』の冒頭です。

《月日は百代の過客にして、行かふ年も又旅人也。舟の上に生涯をうかべ馬の口とらえて老をむかふる物は、日々旅にして、旅を栖とす。古人も多く旅に死せるあり。

（月日は永遠の旅人であり、やってきては過ぎゆく年月も、また旅人である。〈船頭のように〉舟のうえで生涯を送り、〈馬子のように〉馬のくつわをとって老いを迎える者は、日々が旅であり、旅を住みかにしている。古人も多く旅で亡くなっている）》（松尾芭蕉『おくのほそ道』）

日本文化には「無常観」という考え方があります。すべてのものは変転して「常」であるものなどない。人生は儚くて脆い。そういう考え方です。

ただし、この考え方は「だからこそ生きることは貴重なのだ。この貴重な『生』を精一杯楽しむことが大切だ」という発想にもつな

おくのほそ道の旅に出る芭蕉（与謝野蕪村「奥の細道画巻」逸翁美術館蔵）

がります。

　さらに、「この一瞬、一瞬が、実は貴重なのだ」という気づきも、「無常観」あらばこそでしょう。「この一瞬が貴重だ」と思うからこそ、眼前のものや、四季の移ろいに敏感になれる。敏感になれるから、人生がおもしろくなっていく。

　私は「行雲流水」という言葉が、とても好きです。空を行く雲や流れる水のように、何ものにも執着せず、淡々と自然のままに生きることを示した禅語です。物事に行き詰まっても、雄大な空の雲や、滔々と流れる水のあり方を心に思い浮かべると、心が軽くなってくるように思えてきます。暗雲が切れて光明が差し込むような感覚になり、自分の悩みなど小さいことであるように思えてきます。

　無常というのは、けっして無残なものではありません。儚いからこそ人生は、よりおもしろくなるのです。しかも、個々の存在が滅しても、その後継ぎが次々に成りゆく「永遠の循環」のことを考えれば、無常こそが永遠につながっていることも見えてくる。

　月日を「永遠の旅人」にたとえる芭蕉のこの名文は、無常であるがゆえのおもしろさや明るさを、とても印象深く、われわれに伝えてくれているように思います。

さらにいえば、世阿弥の夢幻能に登場する「旅の僧」のような存在も想起させます。無常を胸に刻みつつ人生の旅を送り、一瞬一瞬の貴重さに敏感であるからこそ、「アニマ＝霊力」にも感応できるのでしょう。

　さらに、「旅を住みかとする」ということは、「絶対自由」でもあります。

　旅を住みかとすれば、自分の住居や財産などにはかまっていられません。しかし、持つから「不自由」になるのです。執着すれば、自由は失われます。

　世の中が無常であることを心に留め、なるべく物を持たずに、執着から解き放たれる。そうしてこそ、「絶対自由」の境地に至れます。これこそまさに、生を楽しむ最高の境地です。

　生成発展していくエネルギーは、無常と背中合わせでもある。しかし、無常だからこそ、おもしろく、そして絶対自由でもある。

　縄文から脈々と続いている生命力は、そのようなかたちでも表出するのです。

豊かな自然が生む
「清明心」「正直心」「安堵・安泰」

清く豊かな水から生まれた「明浄正直」の心

第1講で、「日本文化を考えるときには、やはり日本の地理的特性をふまえることが非常に重要だ」と述べました。本講では、そのことについて、あらためて考えてみましょう。

第1講では、「森林・山岳・海洋・島国国家」としての日本の姿を紹介しました。まずはこのうち、「森林・山岳」という地理的特性から来るものについて考えたいと思います。

森林は水がめです。ブナの木を1本植えておけば、周辺100メートルぐらいの樹木はいずれも潤うといわれているほどです。国土面積の3分の2を森林で覆われた日本は、それゆえこそ、ものすごく水に恵まれた地域なのです。

しかも、日本の国土面積の約70パーセントが山岳地帯です。だから、日本人は森の民であるとともに、山の民でもあります。

日本には、「水に流す」という言葉があります。この言葉は、やはり日本の地域特性に根ざしたものです。

大平原で、水がどんよりと流れるような地域では、なかなか「水に流す」という表現は使えないでしょう。しかし、日本は山岳地帯なので、水は急流です。だから勢いよくものを流します。また、水は清いままで流れていきます。

そのように清い水に太陽の光が射すと、水底まで透きとおって見える。そのような環境で、古代から生きてきた民が、われわれ日本人なのです。

そうするとどうなるのか。

人間にとって水は尊いものですが、日本では、その水はとても清いものである。ここから、「尊いものは清いものである」という価値観が生まれていくのです。

奥入瀬渓流の水の流れ

　これを「清き明き心」ということで、「清明心」といいます。つまり、透きとおっている透明性のある人間に対する表現です。透明性のあるリーダーでないと、日本では認められません。

　本当は、腹黒いぐらいの人間のほうが頼りになるのかもしれません。しかし、日本ではそれは忌避される。やはり、「清き明き心」「清明心」が大事なのです。

　さらに「清明心」とともに、「正し直し心」も要求されます。この「清明心」と「正直心」を、「明浄正直」ともいいます。

　この「清明心」と「正直心」こそ、「鋭い感性と深い精神性」とともに、日本人がずっと持ちつづけてきた心です。

日本の自然、風土が思想・哲学にも反映されている

　さらに、それぞれの地域の特性が、人間の精神にどのような影響を及ぼすかを考えていきましょう。

たとえば、仏教は現世を
否定しているわけですが、
仏教の教えの1つに、輪廻
の苦しみから解脱すること
があります。インドでは輪
廻の考え方があり、過去の
原因を背負いつつ、生まれ
変わり死に変わりを繰り返

ヴァーラーナシー（ベナレス）のマニカルニカー・ガー
ト（1922年）

していくとされます。この迷い苦しみの輪廻から解放されるのが解
脱です。

　ごくごく単純にいえば、死んで生まれ変わることを繰り返すので
はなく、死んだらあの世にいって2度と帰ってこないことが望まれ
るのです。

　解脱を求めるのは、インド発祥のヒンドゥー教やジャイナ教にも
共通することです。ですから、ヒンドゥー教の聖地であるヴァーラ
ーナシー（ベナレス）では、ご遺体を火葬にして、全部流してしま
うことも行なわれています。

　つまり、「現世は苦しみに満ちている」との考えが根底にあるの
です。

　ところが、中国の儒家の思想は、現世を肯定します。それから現
行の政治も肯定している。老荘思想は、現世は肯定しているけれど
も、現行の政治は否定している。ともあれ、中国古典では、基本的
には現世は全部肯定しています。

　いったいどこにその差は出ているのか。

　それはやはり、インドは暮らしていくのに厳しい風土であるとい
うことです。もう2度と、こんな厳しい風土で、厳しい生活をして
いきたくない。もう1回、現世に戻ってくるかと問われたら、「そん
な、とんでもない。あの世に行ったら、もうそれっきりにしてもら

いたい」と考える。

　ところが中国では、特に南中国は非常に自然が豊かです（北中国
には厳しい自然環境もありますが）。したがって、その地域特性が、
すべて思想・哲学にも反映されているのです。

豊かな自然から生まれる安堵感を経営に生かす

　日本の場合は、第1講で「自然と人間との素晴らしい呼応関係が
成立していた」と述べたように、非常に自然に恵まれた風土です。
日本の風景あるいは自然に、われわれ日本人はものすごく癒やされ
てきた。自然は基本的には優しいものだと考えてきた。

　もちろん、天災によって痛めつけられることはある。近年でも、
日本で天災が続いています。ところが、自然を敵対するような言論
は1つも現われません。

　本来は、これだけ自然が猛威をふるって、多くの方々が亡くなれ
ば、それこそ自然を恨んで然るべきかもしれません。しかし、ほと
んどの場合、そのような恨みだけに心を奪われてしまうことはない
ように思われます。

　それはやはり、自然から得ている安堵感や安泰感が、われわれの
心のなかで大きな位置を占めている証拠ではないでしょうか。

　日本人は、自分が所属している場所にも、安堵感や安泰感を求め
ることが多いように思われます。

　このようななかで育まれた考え方が、日本人の企業観にもすべて
反映しているのです。日本企業の場合、人事政策を立てていくとき
も、なにより社員の安堵や安泰を突きつめることが求められます。
また、製品の販売戦略を考えるときにも、人間が人間に対して安
堵・安泰を提供していくという観点がないと、なかなかうまくいき
ません。先ほど、日本ではリーダーに清明心を求めるという話をし

ましたが、これも「安堵、安泰」を求めるからでしょう。

考えれば考えるほど、われわれ日本人は現世において安堵や安泰を望むことが当たり前だと認識しているように思われるのです。

復員船の記録に見る日本人の伝統的企業観

私は若い頃、第2次世界大戦後に海外の戦地から日本に帰国するための復員船の記録に非常に興味があり、復員船についてドキュメンタリー映画を制作したことがありました。それで、復員船の帰港地であった舞鶴へ通っていました。当時、舞鶴には厚生省の復員局の生き残りの方がまだたくさんいらっしゃって、その方々にいろいろなお話をうかがいました。

戦地から復員してくる方々は、いつ帰れるかわかりません。ですから、家族の人もほとんど、舞鶴の港で待つようなことはできませんでした。要するに、復員船が着いて戦地から帰ってきても、そこに出迎えが来てくれている人は、ほとんど誰もいないのです。

一方、舞鶴に復員船が着くと、担当官は復員名簿をつくらなければいけません。ですから、復員してきた方々に1人ひとり前に座ってもらって記録をつけるわけです。

非常に印象深かったのは、そこで「これからどちらへ？」と聞くと、勤め人の場合、多くの人が「まず、会社へ行ってみたい」と語ったということでした。

自分が勤めていた会社へ訪ねていって、それから自分の家へ帰る

戦後、復員船として活躍した興安丸

ということです。「自分の家へ先に行くんじゃないんですか」と尋ねると、「いや、まず会社がどうなってるか気になるので、会社へ行ってから」と答えるというのです。

　これは何を表わしているのか。

　やはり、自分の暮らしを支えてくれる安堵感や安泰感の基本が、自分の勤めている会社にあるということでしょう。それほど、日本人の伝統的企業観には、安堵感・安泰感がものすごく強くあったということです。

　そしてこれこそが、明治時代に日本にやってきたお雇い外国人が「こんな勤勉な人たちはいない」と評したことに象徴されるような、勤勉な労働姿勢の源泉だったのではないかと思うのです。

自然が育んだ安堵感や共生観が日本人の勤労の根っこ

　日本人にとっての大きな安堵感や安泰感。やはりその背景には、われわれ日本人が自然から得ている優しさや癒やし、さらにいえば、われわれを育んでくれている「何か」があるのではないでしょうか。そういう観点から、日本人は自分の故郷や自分の勤務先を、「安住の地」として見ているのではないでしょうか。

　「安住」ということは、逆にいえば、そこにいる人たちと長くつきあっていくということです。故郷の場合は、それこそ何代にもわたる人間関係が続いていることもある。「ともに生きていく」という共生観がそこに育まれているということです。

　ですから、日本人の勤労観のなかには、「ともに生きる」という共生観も入っています。

　いまあらためて、どうしてそのようなことを強調するかといえば、現在の経営者も人事担当者も、こういうことを意識すらせず、むしろどんどん失くしているように見えるからです。安堵感や安泰

感を「悪いものだ」「旧態依然としたものだ」などと考える向きさえあります。

　しかし、「旧態依然」などというのは、要は、合理性というものを履き違えている大間違いでしかありません。日本の会社というものは、そうではない。半分、自分の故郷のような役割を果たしている。日本の風土や地域特性からすれば、そのような安堵感・安泰感の大きな根っこがあることが、とても重要なのです。

　たとえば肝っ玉母さんのような人がいてくれたら、日本人はどんなに安心して仕事ができることでしょう。

「何も心配しなくていいんだよ。自分の思い通りに、思う存分やっていればいいんだよ」といってくれる。また、「何か心配事があるの？」と聞かれて、「いや、1つあって」と答えると、「いってごらんよ、何でも。そんなもの解決してやるから」と返ってくる。「実はこんなことが」というと、「ああ、そんなの簡単だ。それは、こうやるんだよ」と教えてくれる。

　日本において会社は、そういう肝っ玉母さんのような場所でもあるということです。それは全部、日本の風土から来ているので、離れようにも離れられないのです。

┃「見えないものを大切にする」精神

　何かを刷新する、改革するというときにも、日本の根っこに何があるのかを、もっと考えなければいけません。

　日本の根っこには、日本の風土が培ってきた安堵感、安泰感がある。その安堵感や安泰感を強化する取り組みをしなければ、刷新や改革がむしろ意味のない結果になってしまうのではないか。新しい技術などを導入する場合にも、日本の根っことの融合を考える。そうして初めて、その技術が生かされるわけです。功利・効率性だけ

を考えて進めたら、大変なことになってしまいます。

その安堵感、安泰感を、もっと深読みすると何が出てくるかというと、「見えないものを大切にする」精神です。

見えないものの最たるものは、やはり「神さま」に尽きます。神さまは見えないからいいのです。「見えないこと」がどれほど重要かということを、われわれは日本人として、もっと認識しなければいけません。

現代の経営のキーワードと

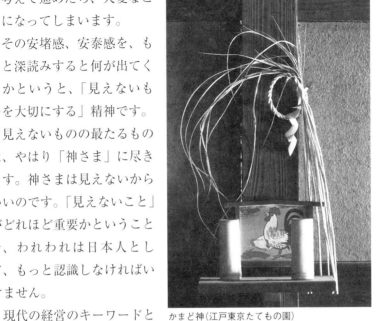

かまど神（江戸東京たてもの園）

して挙がるものに「インビジブル（invisible）」などという言葉もあります。文字どおり「見えないもの」を重要視しようとする見方ですが、しかし、そんなことは、日本人には当たり前の話です。

なぜかといえば、日本は神さまだらけの社会だったからです。

私は子どもの頃、京都で育ったのですが、京都の家には、かまどの神さまもいれば、トイレの神さまもいる。もう神さまだらけです。神さまとの共生を「嫌だ」といっても、もう家のなかは神さまだらけなので、どうしても共生することになるわけです。

そうすると、「お天道さまが見ているよ」という考え方と同じように、「見えない神が見ている」という倫理観が出てくるわけです。「お天道さまが見ている」というのは、日本で伝統的にいわれてきたことです。たとえ、相手をうまくだませたとしても、「お天道さま＝お日さま＝天＝神さま」はお見通しだぞという教訓です。

たとえば、父親や母親の前でうまいことをいって涙を流せば、子ども心にも親はだませると思うかもしれない。けれども、神さまはだませないよということです。なぜならば、「見えないところで見ている」からです。

▎「溜まり文化」としての日本

　さてもう1つ、日本の地理的特性として絶対に忘れてはいけないことがあります。日本が「海洋・島国国家」であることです。

　いうまでもなく、日本はユーラシア大陸の東の端にあります。端にあるために何が起きたか。アジアで生まれた思想・哲学は東へ東へと流れていき、日本に「溜まった」のです。

　どういうものが溜まったかというと、インドで生まれた仏教、そして禅仏教、それから中国で生まれた儒教、老荘思想。こういうものが全部、日本に溜まってくれたのです。

　したがって、日本には神信仰という意味での神道がまずあって、そのうえで仏教、禅仏教、儒教、道教が溜まっていったのです。まさに日本には「溜まり文化」の地域特性があるのです。

　溜まるとどうなるかというと、発酵します。ですから神道、仏教、禅仏教、儒教、道教の5つの思想・哲学は、日本においてそれぞれに影響を与えながら発酵して、発生地にはないものすごい香りと風味の良さが培われました。

　このとき、発酵する「素地」となったのは、もちろん日本の風土であり、この風土のなかで培われてきた神道の哲学が、他の思想・哲学にも大きな影響を与えてきました。

　このように、5つもの思想・哲学が集積しているところが、この地球上に他にあるでしょうか。しかしわれわれ日本人は、その宝を十分に生かしているとはいえません。

だからいまこそ、日本で発酵した5つの思想・哲学に光を当て、知的資源として徹底的に活用すべきなのです。

　その見地から、さらに以下の講義で、日本人の生き方の理想に迫っていきましょう。

西郷隆盛の「敬天愛人」は
なぜ日本人に愛されるのか

西郷隆盛の「優しさ」の真髄

　前講で、あらためて日本の地理的特性と風土に光を当てつつ、「清明心と正直心」、「安堵と安泰」、そして「溜まり文化」という日本精神の特性について見てきました。

　これらのことを具体的に考える例として、本講では、西郷隆盛（文政10年〈1828年〉〜明治10年〈1877年〉）の哲学を検討していくことにしましょう。

　西郷隆盛はいわずと知れた明治維新の英傑です。薩摩藩（現在の鹿児島県）の下級士族に生まれますが、第10代藩主・島津斉彬（文化6年〈1809年〉〜安政5年〈1858年〉）に見出されて側近となります。島津斉彬の意を受けて一橋慶喜を将軍に擁立するべく他藩との交渉や政治工作に邁進しますが、紀州藩主・徳川慶福を将軍に推す紀州派（井伊直弼ら）に敗北。さらに島津斉彬は急死してしまいます。西郷は殉死しようとしますが、尊王攘夷派の僧侶・月照らに説得されて、思いとどまります。

　しかし。井伊直弼が発動した安政の大獄で、その月照が追われる身になってしまいます。西郷は月照と共に京都から脱出しますが、薩摩藩は幕府を恐れて月照を亡きものにしようとしま

西郷隆盛
（文政10年〈1828年〉〜明治10年〈1877年〉）

島津斉彬
（文化6年〈1809年〉〜安政5年〈1858年〉）

す。悲観した西郷は、月照とともに海に身を投げますが、自分だけ生き残ってしまいます。生き恥をさらす身となった西郷は、奄美大島に流されるのです。

その後、一度は許されて復帰するものの、島津久光（文化14年〈1817年〉〜明治20年〈1887年〉／斉彬の弟で、斉彬の死後、藩の実権を握っていた）の勘気にふれて再び徳之島から、さらに沖

島津久光
（文化14年〈1817年〉〜明治20年〈1887年〉）

永良部島へ島流しになります。西郷が、たとえ藩の最高権力者の命令でも唯々諾々（いいだくだく）と従うのではなく、己の信念に則って断固行動したからです。

しかし、時局はさらに風雲急を告げます。他藩との広い人脈を構築し藩内外の人望も高かった西郷は余人をもって代えがたく、西郷は再び呼び戻され、明治維新の立役者となるのです。

西郷は2回の島流しという、たいへんな苦労をしています。にもかかわらず、なぜ世に求められたのか。

それは、西郷は腕っ節が誰よりも強く、問題解決能力があり、業績も挙げる一方で、無類の優しさもあったからでしょう。とはいえ、いま見たように、優しさといっても上司にペコペコするような態度とは無縁です。自分が真に信を置く相手や目下の人に対する、芯の通った優しさです。西郷に出会うと、3日会えば3日の愛が生じ、10日会えば10日の愛が生ずるというように、誰しもがほれ込む優しさが出てくるのです。

西郷は寡黙な人でしたから、ただ座っているだけなのですが、その存在が多くの人に希望を与え、夢を与え、決定を促進していく説得力を持っていました。いってみれば、東洋的リーダーシップの権

化のような要素があったわけです。

内憂外患を突破した西郷の人間的な大きさ

　明治維新はまさに内憂外患です。内憂としては幕藩体制が転換を要求されていました。外患としては、西洋列強の支配という危機がひしひしと迫ってきていました。誰が考えてもそんなことは一挙にはできないというような難題です。

　幕藩体制の転換といっても、なにしろ徳川幕府は250年以上確固として続いてきた体制です。これに対して異議を唱え、新たな体制をつくることは、並大抵のことではありません。

　ここで薩摩藩と長州藩の「薩長同盟」が果たした役割は、とても大きいと私は思います。もしこれがなかったならば、なんとなく幕府の余韻があるような、どちらつかずの国家ができてしまったように思います。

　しかし当時、長州藩は薩摩藩に憎悪の目を向けていました。長州藩が京都に出兵して起こった禁門の変で、長州の有為の人材が多数斃れますが、このとき弾圧側に回った主力が薩摩藩だったからです。このとき、京都御所を守るべく長州藩攻撃の指揮を執ったのも西郷なら、薩長同盟を牽引したのも西郷です。その凄さです。

　禁門の変の後、徳川幕府が命を下して有力諸藩による長州征伐が行なわれます。第1次長州征伐では、西郷は征長軍参謀に任命されますが、長州藩に非常に寛容な措置を取りました。また第2次長州征伐の折には、坂本龍馬の海援隊などと連携を取りつつ、長州に代わって薩摩が武器弾薬を整えるような役割を果たしました。このことが大きいと思います。これが一つです。

　外患に関しては、フランスとイギリスが、それぞれ幕府と薩長側について、隙あらば自分たちが乗り出して代理戦争に持ち込み、日

本を自国のものにしようと
いう魂胆があったことは異
議のないところでしょう。

　ここで最もきつい最後の
戦いと考えられたのは、江
戸城の開城です。江戸城を
総攻撃すれば、江戸が火の
海になり、死者がたくさん
出て、江戸全体が灰になっ
てしまうことにもつながる
わけです。

　そうなれば、次の政権を
どちらが取っても、政権を

結城素明画『江戸開城談判』(聖徳記念絵画館所蔵) 西
郷隆盛(左)と勝海舟(右)

取った勢力は、まず江戸を再建しなければいけなくなります。再建
のための資金はどこから出てくるのか。どうしてもイギリスかフラ
ンスに借款を求めなければいけなくなります。それは、西洋列強
に侵攻のチャンスを与えるようなものです。

　さらに、武器弾薬を補給してもらったり、フランス軍やイギリス
軍の加勢を少しでも求めたりした瞬間から、両国の代理戦争下に入
ってしまうことになります。

　その危うさがひしひしと迫っている局面です。しかし、江戸城を
無血で開城することで、江戸はそのままの状態で保持されました。
政権のシンボリックなポイントとしてあった江戸城もそのまま受け
渡され、新たな明治政府に転換することができたのです。

　この江戸城の無血開城に誰の力が与ったかといえば、やはり西郷
の果たした役割が大きかったことはいうまでもありません。

　続く戊辰戦争の折には、新政府軍に対して敢闘していた庄内藩に
寛大な処分を下しました。そのことに恩義を感じた庄内藩士たちは

その後、西郷との交流を続け、西郷が西南戦争で死去した後、西郷隆盛の言葉をまとめた『南洲翁遺訓』を発行するほどでした。

いずれも、西郷の人間的な大きさがよくわかる話です。

岩倉使節団の留守中に近代国家建設を進める

明治維新が成ったからといって、もちろん改革がスムーズに進むわけではありません。実際に新政府は、さまざまな苦難や衝突を繰り返しながら進んでいくことになります。

では、どのようにして改革が進んだのか。新政府の状態を1つひとつ調べていくと、あることに気づいて驚きます。それは、明治4年（1871年）から明治6年（1873年）にかけて、重要な改革がいくつも実施されていることです。

たとえば、徴兵令や地租改正条例の布告、秩禄処分の着手、国立銀行条例の制定、学制（学校制度）の発布、鉄道開業、太陰暦から太陽暦への変更、職業選択・信教の自由の許可、人身売買の禁止など、いわば自由・平等という国家建設に絶対的に不可欠な改革を次から次へと進めています。つまり、その支障になるような旧態依然とした制度やあり方を整理し、きれいにしたところで、自由で平等な国家をつくっていったのです。これらにより、江戸時代以来の秩序はガラリと変わっていきます。

また、戊辰戦争の敗戦により投獄されたり蟄居処分になっていた徳川幕府側の人材を、大名や指導者クラスも含めて特赦で許しました。昔は敵として戦ったけれど、今日では日本という国家を支える人材を一人でも多く活用しなければならないということで、榎本武揚や山岡鉄舟といった幕臣をどんどん登用します。

なぜこの期間だったのか。岩倉具視を団長に、大久保利通、伊藤博文といった幕閣の錚々たるメンバーからなる岩倉使節団が、明治

4年11月12日に日本を出発し、明治6年9月13日に欧米から帰国したのですが、この1年10カ月の間、使節団のメンバー全員が日本を留守にします。使節団派遣そのものは、大きな効果ももたらしたわけですが、留守中、政府の実質的なトップは誰だったのかといえば、西郷南洲（隆盛）でした。

　岩倉使節団は、何をしてしまうかわからない西郷に、留守中には大規模な改革は行なわないように一筆書かせ、安心して出かけていきました。ところが、帰ってみたらこうなっていたので、彼らはびっくり仰天します。これが、大久保と西郷の仲を悪化させた一つの原因だということになっています。

　別の観点から見ると、もしこの間に西郷ではなく、ただの留守番役が居ただけであれば、旧態依然とした制度は全部残っているわけですから、その後に大きな困難が伴ったはずです。それを一気に進めてしまったのですから、いってみれば国民に夢と希望を与えた西郷の功績は大きいと思います。こうした大胆不敵な決断も、まさに西郷ならではのものでした。

「人を相手にせず、天を相手にせよ」

　このような大胆な活躍を、西郷隆盛はいかなる哲学に基づいて進めていったのでしょうか。

　西郷の言葉や哲学をまとめた『南洲翁遺訓』に、次のような言葉があります。

《人を相手にせず、天を相手にせよ。天を相手にして、己れを尽て人を咎めず、我が誠の足らざるを尋ぬべし》（西郷隆盛『南洲翁遺訓』第25条）

要するに、「人を相手にして生きるのはバカバカしい。そのようなことはやめて、天を相手にする」ということです。

　毀誉褒貶は人間の最大の特徴です。「いやあ、大したもんですね」などといっていた人間が、一転して「あなたみたいにダメな人はいない」などといったりする。そのようなものは相手にせず、天を相手にせよという、清々しい喝破です。

　そして、さらに重要なのはこの後の「己を尽くして人を咎めず、我が誠の足らざるを尋ぬべし」という文言です。

　自分が本当に誠心誠意生きているか、話しているか、考えているか、仕事に励んでいるか。人のことをあれこれと咎めるのではなく、そのような己の誠を問うべきだということです。

　人はいくらでも、「一所懸命にやっています」などといえます。しかし、それだけでは天は聞いてくれない。心底から真心込めて誠心誠意やらないと、天には通じない。西郷隆盛は、天を相手にするとは、そういうことだと強調しているのです。

　考えてみれば、このような西郷隆盛の信念は、「真心を込めて誠心誠意やる」という「清明心」に基づくものであり、さらに「そのような真心は、必ず天に通じる」という「安堵観・安泰観」があるからこそ、成立しているものです。

　その清明心と安堵観がなければ、「一所懸命やることに意味はない」「一所懸命にやったって、どうせダメかもしれない」ということになってしまいます。そうしたら、「じゃあ楽して、うまいことやったほうが損をしないで済む」などという汚れた考えにもなりかねません。

　さらにいえば、西郷隆盛の「天」の観念は、中国の儒教の影響を大きく受けたものです。しかし、この「天」の考え方は、「神さまが見ている」という「見えないものを大切にする心」にも、まっすぐに結びつくものです。だからこそ、この西郷の考えが、ストンと

われわれ日本人の腑に落ちるのでしょう。「溜まり文化」の良き発酵が、ここにも現われているのです。

「清明心」「安堵、安泰」「見えないものを大切にする心」が、「溜まり文化」として発酵して、このような西郷隆盛の倫理観に表出しているのです。

敬天愛人…天の愛情と同じように人を愛する

　もう1つ、西郷隆盛の『南洲翁遺訓』の言葉を見てみましょう。

《道は天地自然の道なるゆえ、講学の道は敬天愛人を目的とし、身を修するに克己を以て終始せよ。己に克つの極功は「母意、母必、母固、母我」と云えり》（西郷隆盛『南洲翁遺訓』第21条）

「道」とは、自分が天の代わりに、天の働きを現世で展開することを意味します。

　儒教では、「天は人びとに幸福に生きてほしいと願っている」と考えます。中国の皇帝観はまさにその象徴で、「天は、人民を幸福にする力のある人物を皇帝に任じ、もし皇帝がその意に沿わなくったら、その人間は革命によって滅ぼして、別の人間を皇帝にする」と考えます。

　ですから、天の働きを現世で展開するとは、人びとの幸福のために、自分自身が全力を尽くすということです。

　そのようなことをするための学問は、「敬天愛人」を目的とするのだと、西郷隆盛は述べます。

「敬天愛人」は、とても有名な言葉ですが、どのような意味なのでしょうか。

　つまり、こういうことです。われわれは天からどのくらい恩恵を

西郷隆盛の揮毫による「敬天愛人」（鹿児島市立美術館所蔵）

受けているかわかりません。しかしそれに対して、天が恩着せがま
しくいうことはない。それほど、天はわれわれ人間を愛してくれて
いるということです。

　では、天がわれわれを愛してくれていることに対して、われわれ
はどうやって応えるのでしょうか。

　1つは「天を敬う」、すなわち、ありがとうございます、という感
謝を含めた天に対する崇敬の念を持つことです。そしてもう1つは
「人を愛する」、つまり天の愛情のあり方と同じように、人を愛する
心を持つことです。

　そのような学びが重要だということです。

　そういう意味で、あるレベル以上にまで到達した人は、自分のこ
とばかり主張したり、私欲を持ったりするということではいけませ
ん。

　つまり「身を修するに克己」、己に克たなければならないという
ことです。怠惰で放縦で強欲で傲慢な自分に克たなければいけない
といっているわけです。

克己には「母意、母必、母固、母我」が必要

　では、「己に克つ」の最大のポイントは何か。

　『論語』に次の文章が出てきます。一般的に孔子という人は聖人といわれていますが、どうして聖人になったのか、その理由を述べている箇所に「母意＝意母し」、「母必＝必母し」、「母固＝固母し」、「母我＝我母し」と書かれています。

　「母意＝意なし」「母必＝必なし」とは何か。「意」とは「意を強くしてやります」ということですが、それは良くないということです。「必」とは期日のことで、「この日までに絶対やります」ということですが、それも良くないというのです。

　これはどういうことか。普通だったら皆良いことではないか。たしかに、そのとおりです。

　しかし、中国古典に「陽極まれば陰となる」、つまり善も極まれば悪となるという考えがあります。最初から悪だというものをやることは論外ですが、当初は良かったことも進めているうちに悪に転じてしまうことがあるという教えです。

　「必ずやる」とか「この日までにやります」ということを思いすぎて、どんどんやっていくと、自分のことしか目に入らなくなる。そうなると、周囲はとても困った状態になり、いろいろな弊害が起こりかねない。つまり我田引水で傍若無人のような状態になってしまうため、そこをきちんと目配り・気配りをしてやる必要がある。それが克己だというのです。

　次の「母固＝固なし」「母我＝我なし」とは、固執・我執をなくせということです。

　固執とは、「あのとおりにやれば、またうまくいくのだから、あのとおりにやろう」と考えて、1つの成功にがんじがらめになって

しまうこと。我執とは、「自分がやったのだ。自分の業績だ」といつまでも思うということです。

　何かをやり終えたとしても、たまたま成功したのかもしれない。それを自覚しないでいると、後々、大変なことになりかねない。よって、これも克己が大事だということです。こういう観点から自分の言動に常に注目し、注視して改める必要があるといっているわけです。

　これらの言葉も、「敬天愛人」という言葉に象徴されるように、天という「見えないもの」を大切にし、そこに「安堵、安泰」を覚えているからこそ出てくるものでしょう。

　「克己を求める心」は「安堵、安泰」の土壌があってこそ生まれる——このことは、現代の日本の姿を見るにつけ、いくら強調してもしたりません。

　さて、ここで西郷隆盛が挙げる「母意、母必、母固、母我」は儒教の用語ですが、西郷隆盛がこの言葉をこのようにピックアップするのは、まさに「清明心」や「大きなものへの安堵、安泰」があるからこそでしょう。そして、そんな西郷隆盛の「敬天愛人」という言葉を多くの日本人が愛してきたのも、そこに「清明心」の清々しさや、「安堵、安泰」を見出しているからでしょう。

　何が日本人の根っことして大切なのか。また、何が日本人の心に深く響くのか。そして「溜まり文化」のあり方とはどのようなものなのか。西郷隆盛の言葉は、われわれにそれらのことを教えてくれているのです。

「神さまとの共作」という信仰が
もたらす仕事観

日本の田んぼは神さまとの共作

　さて、これまでの講義で、「見えないものを大切にする心」についても言及してきました。神は見えないから意味があるのです。見えたら、もうそれまでです。

　見えないものですから、一生かかっても実体はつかめない。しかし、感ずることはできる。要するに非常に鋭い感性と深い精神性です。

　第4講で述べた「ムスビ（産巣日＝産霊）」の考え方も、まさにそのような鋭い感性と深い精神性で磨きあげられてきたものだといえます。

　そのような日本の「ムスビ」を象徴するものの1つは、やはり田んぼでしょう。

　日本の田んぼは、どうしてこんなに美しいのか。それは、「田の神さまとの共作」だからです。

「神さまとの共作」とは、どういうことでしょうか。

　これはつまり、収穫は「神さまの恵み」であり「神さまとの一体化の結果だ」ということです。

　収穫が「神さまの恵み」であるならば、豊作になるためには、田んぼに神さまに来てもらわなければいけません。

　だから田んぼは、汚れたところではいけません。神さまに来てもらうためには、やはり、清く澄んだところでなければいけないのです。

　なぜ、清く澄んだところに神さまは来るのか。それは、第7講でもお話ししたように、日本が森林山岳地帯であることが大きく影響しています。

　森林は、水がめでもあります。なにしろ水が豊富で、しかも、そ

日本の田んぼの風景。田植え前、空を映してきらめく

の水は山岳地帯を流れ下るので、いずれも急流です。だから日本で
は、水は清いものとなります。

　そのような風土も背景に、神さまは穢れ（けが）を忌み嫌い、清浄を好み
求めるという考えが培われてきました。神が降りてくるのは「清い
ところ」という考え方です。だから、田んぼも清くなければいけな
いのです。

　もちろん、「田んぼは、米が穫れればいいではないか」という発
想もあるでしょう。けれども、多くの日本人はそうは考えません。
より良いものが穫れなければ意味がないと考えます。

　そのようなクオリティを、神さまの領域まで考えて、長年、もの
づくりを続けてきたのが、日本人です。日本には、そのような凄さ
があるのです。

海外からの農耕技術が神道と「習合」した姿

　このようなあり方は、海外からやってきた稲作という農耕技術が、日本古来の神道と「習合」した姿といえるかもしれません。

　農耕は自然ではありません。要するに、人工的に食物をつくるわけです。ですから日本でも農耕技術が入ってくることで、縄文で長く続いてきた自然採取経済ではなく、経済が非常に人工的なものに移ったことになります。

　諸外国では、農耕技術の発達とともに、人間優位社会になっていきました。つまり、自然に対する畏敬の念がだんだんと失われていきました。

　では、なぜ日本ではそうはならなかったのか。農耕技術が伝わってきたにもかかわらず、いったいどうして神の観念がさらに強化されていったのか。ここは私自身、とても不可解なところでした。

　そのことが腑に落ちたのは、まさに本講でお話しした「日本の田んぼは、神さまとの共作」というあり方が見えてきたからです。

　これは、考えれば考えるほど凄いことです。

「お前の田んぼ、汚いねえ。田んぼはもっときれいにやらなければいけない。それは面倒くさいからいい、などと思ってはダメなんだよ。そんなことでは、神さまが降りてこないよ」

　このような考え方があったのだとすれば、いまでいう「生産性」の概念から考えると、日本には生産性向上の習慣がものすごくあることになります。

日本の農耕と「まつり」の関係

　また、日本の農耕には、色濃く「まつり」というものがくっつい

ています。もちろん、世界各国にも「収穫祭」など、農業にまつわる祭はさまざまにあります。しかし、日本のあり方は、やはり日本の地理的特性や風土に根ざした独特のものであり、そこに日本の伝統が息づいてきたのです。

　たとえば、秋になって収穫をするときには、田の神さまに対する御礼をします。「あえのこと」ともいわれます。「あえ」は漢字では「饗」と書きますが、本来的には「共作したものを共食する」ことを意味します。

　神さまとの共食は、非常に重要な行為です。いまでも祭礼の後には「直会」をやり、皆で飲んだり食べたりしますが、あれもその名残です。

　神さまの助けを得て、神さまと一緒につくったものを、一緒に食べる。「おかげさまで、こういうのができました」「良かったですね、いいですね」といいながら、一緒に食べる。

　たとえば、ある地域では、豊年の稲を天秤棒の前と後ろにつける。戸主が天秤棒をかついで田んぼから帰ってくると、その家のずいぶん先まで紋付き羽織袴、礼服を着た男女がずっと並んでいて、誰かが「神さまござった。神さまござった（神さまが来ましたよ。神さまが来ましたよ）」という。そうすると、皆が「ありがとうございます。おかげさまで豊年になりました。どうぞ」といって、家のなかに入ってもらう。

　玄関を入るや否や、戸主が「お風呂を先にしますか。お食事を先にしますか」と聞かれる。そう聞かれると、まずだいたいがお風呂に入る。そこは、非常に神さまを擬人化しているというか、故郷のお父さんが訪ねてきたときのような感じで、非常に親しさや敬愛の念を示して、もてなすのです。

　また、皆さん稲荷神社はご存じだと思いますが、このお稲荷さんの語源は「稲成り」、つまり、稲が成育することだといわれます。

また、お稲荷さんが狐の姿で象徴されるのは、たわわに実った稲が
ちょうど狐の太い尻尾に似ているからだとも。

　このような神さまと人との関係は、すべて「ムスビ」への信仰か
ら来ているのです。

穀霊、地霊、祖霊が日本の根本にある

　日本の祭の種類には、どのようなものがあるでしょうか。

　まず、春には豊作祈願祭で豊作を願い、秋は収穫感謝祭です。誰
に対して豊作を祈願しているか、そして誰に対して収穫の感謝をし
ているかが非常に重要です。

　これは3種類の神さま、もっといえば3種類の霊に対して祈ってい
るのです。

　まず「穀霊」という、農耕の神さまです。

　次に「地霊」です。農耕を行なっているその場所にずっと根づい
ている神さまです。

　それから「祖霊」です。これは自分が農業で食べていけるのは、
父も祖父も曾祖父も、先祖代々ずっと耕しつづけてきてくれたから
だということへの感謝から来るものです。

　この穀霊、地霊、祖霊という3つの神さまに対して絶対的に祈る
ということが重要で、それが日々の暮らしを安泰にする最大のポイ
ントなのです。その祈りがあればこそ、日本は狩猟社会から農耕社
会になっても、神さまへの信仰が残りつづけた。あるいはもっと強
調していえば、狩猟社会よりも農耕社会になってもっと神さまとの
縁が深まった、凄い国なのです。

　その象徴が伊勢の神宮です。内宮は祖霊の天照大神と地霊をお
祀りし、外宮は穀霊である豊受大神を祀っているわけです。その
神宮を、ずっと大切にお祭りしてきたのが日本です。つまり穀霊、

佐賀県太良町の田の神さま

地霊、祖霊がいまだに日本の根本にあるといっていいのです。

　海外から伝来した農耕技術が、いかに日本古来の哲学と習合したか。そしてそこから生まれた「神さまとの共作」というあり方が、日本をいかなる国にしていったのか。この視点は、日本のあり方を考えるうえで、とても重要なことです。

道元と千利休の奇跡…「一つひとつを丁寧に、真心込めて」

禅が目指すのも、「天の境地」に至ること

　ここまで、「ムスビの生命力エネルギー」「清明心」「安堵、安泰」「見えないものを大切にする心」「神さまとの共作」など、さまざまな日本人の生き方の指針を見てきました。これらが、仏教、禅仏教、儒教、道教、神道の「溜まり文化」のなかで、どのように発酵し、美しいものが生み出されてきたのか。

　本講では、それを道元（正治2年〈1200年〉～建長5年〈1253年〉）、さらに千利休（大永2年〈1522年〉～天正19年〈1591年〉）の事績から見ていきましょう。

　道元は、いうまでもなく禅仏教の曹洞宗を開いた方です。禅については、とてつもなく難しいものであるように書かれることが多いように思います。ところが、私の論法からいえば、禅もやはり「天」や「神（仏）」に近づくための方法だと理解できます。

　道元の主著である『正法眼蔵』なども、パラパラとページをめくるだけでは、「何を書いてあるの？」という感じになってしまいますが、簡単にいえば、そういうことが書いてあります。

　道元について学べば学ぶほど、道元が同じ日本人であることに、私は時々、震えるほどのありがたさを覚えます。あんな立派な人と同じ日本人だというだけでありがたく、勇気も湧いてきます。

　なぜ道元は、それほどまでに立派なのか。高僧などが語ることとは少し違った、私流の解釈をお話ししましょう。

「本来、悟っている」のに、なぜ修行が必要なのか

　道元は正治2年（1200年）に生まれます。父は内大臣の源通親（久我通親）、母は太政大臣の藤原基房（松殿基房）の娘の伊子ともいわ

れますが、諸説あります。3歳で父を、
8歳で母を亡くし、世の無常を感じて
12歳の春に出家し、比叡山で修業に入
ります。

　比叡山の横川（よかわ）というと、いまでも多
くの人が修行に行く場所です。道元の
頃は時代が荒れていたので、貴族の成
れの果てのような人物がとかく僧侶に
なりがちでした。通俗的なものが嫌で
仏の道に進んだ道元にとっては、実は

道元
（正治2年〈1200年〉～建長5年〈1253年〉）

こちらのほうがもっと通俗的でひどい部分もあり、嫌な思いをする
ことも多かったようです。

　そのようななか、彼が「仏教とは何なのですか」と問うと、「生
まれながらにして、人間は仏だ」と返された。さらに「生まれなが
らにして悟っているものだ」ともいう。

　これらを、「本来本法性（ほんらいほんほうじょう）」「天然自性身（てんねんじしょうしん）」というのですが、「人
間には仏性があり、生まれながらにして悟った存在であるというと
ころから、仏教は始まるのですよ」といわれたわけです。

　この話を聞いた道元は、「仏であり、悟っているのに、なぜ修行
が必要か」と深い疑問を抱きます。それまでに何千人もの修行僧が
聞かされた話のはずですが、それに対して、こういう根源的クエス
チョンを抱くのが、道元の凄さでしょう。

　しかも道元は、勇気がありました。日本中の高僧のところへ行
き、「修行の意味はどこにあるのですか」と問うてまわった。判然
とした答えがなかったところ、臨済宗を開いた栄西（永治元年〈1141
年〉～建保3年〈1215年〉）のところへ行ったときに納得のいく答え
をいただいた。それと同時に、「そんなふうに思うのだったら、中
国に渡って修行してくるべきだ」といわれます。栄西自身も中国

（南宋）に留学した経験がありました。

　栄西は建保3年（1215年）に亡くなりますが、その後、道元は栄西の弟子の明全に師事し、さらに貞応2年（1223年）に明全とともに中国へ渡ります。そして、天童如浄という高僧を訪ねて、大悟すなわち悟りを得るわけです。

明菴栄西
〈永治元年〈1141年〉～建保3年〈1215年〉〉

道元が考えたこと……『弁道話』を読む

　道元は帰国して4年後の寛喜3年（1231年）に『弁道話』という書を書いています。漢文ではなく、かな文字で書かれた書物です。そこに次のような言葉があります。

《この法は人々の分上にゆたかにそなはれりといゑども、いまだ修せざるにはあらはれず、証せざるにはうることなし。
（仏性は人びとに豊かに備わっているが、修行しなければあらわれず、修行して悟らなければ得るところもない）》（道元『弁道話』）

　人間が持っている「仏」は、修行があって初めて外に現われるというのです。

　このことが、日本人の暮らし方や働き方のすべてを決めたものだといってもいいと私は思います。

　もう一箇所、この『弁道話』のなかには、必ず読んでおいたほうがいいところがあります。

《それ、修証はひとつにあらずとおもへる、すなはち外道の見なり。仏法には、修証これ一等なり。いまも証上の修なるゆゑに、初心の弁道すなはち本証の全体なり。かるがゆゑに、修行の用心をさづくるにも、修のほかに証をまつおもひなかれとおしふ》（道元『弁道話』）

　ここでまず道元が述べるのは、「『修行をすることと、その末に悟ることは1つではない、分かれていることなのだ』と思えるような見方は、外道の見方だ」ということです。ここは道元が最上級の力を込めたところで、「修証これ一等なり」と強調します。
「修」とは「修行」のこと。「証」とは「悟り」のことです。また「一等」は、1等、2等、3等などというときの一等ではなく、「一に等しい」です。つまり、修行することも悟ることも同じことだということです。
　したがって修行するうえで「悟りのために修行する」というのはまったく間違いであるということになります。
　逆にいえば、悟った後の修行が重要だということです。簡単にいうならば、「悟った」などということは誇るべきものではない。元々、人間の持っているものに帰っただけで、それをもっと磨かなければいけない。それが「修証一等」の意味するところです。
　続いて、「いまも証上の修なるゆゑに」以降の箇所ですが、証上の修は「悟りの上の修行」ということです。そうであるからこそ、初心者の修行も本来の悟りの全体になる。だからこそ、修行の用心として、悟ることのために修行するのではない、そんなちっぽけなことを思ってやるべきものではないと教えるのだというのです。
　このように述べたうえで、道元はこういいます。

永平寺（承陽門）

《すでに修の証なれば、証にきはなく、証の修なれば、修にはじめ
なし》（道元「弁道話」）

　これは凄いことで、つまり修行も悟りもまったく同じことであ
り、修行を始めることが悟るということだから、悟ったということ
で終わるわけではなく、なお一生懸命に修行をするということであ
る。また、悟りは修行と同じということだから、修行にはじめがあ
るわけでもない。だから、とにかく一生修行なのだよ、といってい
るわけです。

「一つひとつを丁寧に、真心込めて」

　道元は、「一生修行だ」といい、「すべてが修行だ」といいます。
ご飯を食べることも、掃除をすることも、「全部修行だと思ってく

れ」というのです。

そこで、「修行だと心得て行なうのと、そうではなく行なうのでは、どこが違うのか」と疑問が起こります。

実は私は、こう見えてしばらく、曹洞宗のお寺に修行に行ったことがあるのです。そこには一緒のチームがあって、京都の名だたる寺のご子息と同室になりました。

ちょうどウォークマンが流行っていた頃で、この人は不覚にもウォークマンを聞きながら掃除をしていたのを見つかり、破門になってしまいました。

「何をやっているのだ。道元禅師が、修行として掃除などの作務をやらなくてはいけないとおっしゃっているのに、音楽を聴きながらやっていたとは不届き千万だ」

義俠心のようなものがあった私は、そんなことで破門なんておかしいと思い、高僧に「ちょっとご質問したいのですが……」と、聞いてみました。「修行として掃除をするのと、ただ掃除をするのと、どこが違うのですか」と。

すると高僧は、「それは簡単なんだよ。『一つひとつを丁寧に、真心込めて』というだけだよ」とおっしゃいました。

つまり、「一つひとつを丁寧に、真心込めてやっているというのが本当の修行で、そうやって生きてさえいれば、いつか開悟する」。そういうことをいってくれたのだと思いました。

その経験で、道元禅師がグッと近くなってきました。暮らし方革命、生き方革命を、道元はいってくれた。そういう受け取り方をしたほうが、よく理解ができました。

お雇い外国人も驚愕した日本人の「素晴らしい伝統」

明治期には、お雇い外国人がたくさん来ました。彼らは技術指導

者ですから、いろいろな発展途上国を訪れて技術指導をしては、「この国の人たちは、なんだか働く気力もないな」という体験を重ねてきた人もいました。

その彼らが日本に来て驚くわけです。こちらが何もいわないのに、日本人は皆、朝から晩まで勤勉で凄い。「何なのだ、これは」。「何か一つ、底に流れている素晴らしいものがある」と、彼らは一様に日記などに書き残しています。

基本的には、「一つひとつを丁寧に真心込めて」という伝統がすべての日本人に備わっているということです。

そのように見ていくと、明治の近代化にしろ、戦後の復興にしろ、すべては奇跡です。つまり、簡単な「一つひとつ丁寧に真心込めて」ということが、奇跡を生むのです。

茶の湯を通して修行の概念を普遍的にした千利休

日本というのは凄いもので、このような考え方を自分なりに取り入れて、一つの真理として説いた人がいます。それが千利休です。

千利休の言行を、弟子の南坊宗啓がまとめた『南方録』に、次のような有名な言葉があります。

《小座敷の茶の湯は、第一仏法を以て修行得道する事なり。家居の結構、食事の珍味を 楽 とするは俗世の事なり。家は漏らぬほど、食事は飢えぬほどにて足る事なり。是れ仏の教え、茶の湯の本意なり。水を運び、薪をとり、湯をわかし、茶をたてて、仏に供え人に

千利休
（大永2年〈1522年〉～天正19年〈1591
年〉）長谷川等伯画、不審菴蔵

106

も施し、吾ものむ。花をたて香をたく。みなみな仏祖の行ひのあと
を学ぶなり》（南坊宗啓著『南方録』覚書）

　小座敷で自分がやっている侘茶（わびちゃ）の一番重要なことは、仏法修行の
心を呈して、自分の心に得度をもたらすことだ。悟りに至る道を
「得道」と呼びますが、仏教修行の心を呈し、修行だと思って悟り
に至る道を歩むことが基本だというのです。
　つまり、なにも禅寺へ行って座禅を組むことだけが悟りに至る修
行ではないということを、利休は強くいっているわけです。
　こうして禅の世界の修行や悟りの概念を、一気に普遍的にしてく
れたのが利休なのです。茶の湯というのは、茶の湯のためにやって
いるのではなく、仏法の修行のようなもので、つまり、悟りに至る
道を歩むことなのだ。禅僧は座禅で悟るけれども、われわれは茶人
なのだ。茶人は茶人として、茶の湯によって悟るべきではないかと
いうのです。ここまで意義を広げてくれたのです。
　何でも修行だと思ってやるということは、さっさっとやるのでは
なくて、そこに心を込める。次の人に回すときにも、「はい」とい
って、さっさと渡すのではなく、ちゃんと持って次の人が取りやす
いように渡してあげるといった、そこに心を込めて気遣いを持っ
て、一つひとつを丁寧にやっていけばいくほど、人間のなかにある
仏性が喚起されて外に出てくるということです。
　そして、茶人が茶の湯で悟りに至るのなら、剣術の達人は剣術を
もって悟りに至り、料理人は料理をもって悟りに至ることになりま
す。
　すべての物事が日本の場合、「道」になっていく。柔術が柔道に
なり、「何のために柔道をやるのですか」「仏法修行の心を呈して悟
りに至る道である」というふうに、すべてが悟りに至る道であり、
仏法修行だと思って行なうことであるわけです。

最近では、「野球道」という言葉もあります。これは皆、「悟りに至る道を歩む」、つまり自分がその道の何か大きな真実のようなものをつかめるかどうかなのです。

　このような考え方が、日本の伝統的な勤労観と相まって、「人間はなぜ働くのか」ということに対する非常に稀有な、そして崇高な答えを導き出していくのです。

鈴木正三を読む…仕事が修行になれば人生は幸福になる

鈴木正三が出家する前に書いた『盲安杖』

　ここまで、「神さまとの共作」という考え方から、道元、千利休に至るまでの日本人の勤労観を見てきました。これを、さらに押し広げたのが鈴木正三（天正7年〈1579年〉～明暦元年〈1655年〉）です。

　鈴木正三は、現在の愛知県豊田市に生まれます。徳川家に仕えた三河恩顧の武士で、関ヶ原の戦いや大坂の陣にも出陣し、武功を上げています。

　ただし、武士であった頃から仏教に深い関心を寄せており、42歳という遅い時期に出家したといわれます。これまでは人を斬ってきたが、これからはそうではなく人を助けるほうへ回りたいというのが出家した動機でした。禅の修行を重ね、道元が開いた曹洞宗の僧侶となり、三河で恩真寺を建立します。

　正三の弟の鈴木重成も立派な人で、島原の乱に参加し、その後、天草の代官を務めています。乱の後ですから、精神的にも経済的にも荒廃しています。鈴木正三も天草の地に駆け付け、『破吉利支丹』という書を著してキリスト教を論駁し、仏教の説法を行ないました。鈴木重成も島原の乱の前の過酷な税を見直すなどの善政を行ない、鈴木神社という神社ができるほどでした。

　さて、鈴木正三がまだ出家する前に書いたのが『盲安杖』です。心の目が開いていない人間が安心して世の中を歩けるように、と鈴木正三が仏法の立場からの心の持ちようを説いて10項目にまとめたものです。『盲安杖』が何を説いているのか、その10項目は以下となります。

《一　生死を知て楽み有事。
　一　己を顧て己を知べき事。

一　物毎に他の心に至べき事。

一　信有て忠孝を勤べき事。

一　分限を見分て其性々を知べき事。

一　住る所をはなれて徳有事。

一　己を忘て己を守べき事。

一　立あがりてひとり慎むべき事。

一　心をほろぼして心をそだつべき事。

一　小利をすて、大利に至べき事》（鈴木正三『盲安杖』）

　人間としてこういう心を持てということを、とてもコンパクトに
まとめて書いてあります。

┃「武士日用」…正直の道を用いるしかない

　さらに鈴木正三は、寛永7年（1630年）から正保4年（1647年）の
あいだに『四民日用』という書を書いています。後に、「三方之徳
用」と「修行之念願」を合冊して『万民徳用』として刊行されまし
た。

　この『四民日用』は、「武士日用」「農民日用」「職人日用」「商人
日用」の4パートから成っており、四民（士農工商）のすべてに独
自の注意すべきものがあるという観点から、武士は武士、それから
農工商についても非常に綿密に要点を書いてくれています。まず、
ここから「武士日用」を読んでみたいと思います。

　まず、武士が次のように問いかけます。

《武士問云、「仏法世法、車の両輪のごとしといへり。然りとい
えども、仏法なくとも世間に事欠くべからず、何ぞ車の両輪に譬た
るや」》

ここで説かれる「仏法世法」（仏法即世法、世法即仏法）という言葉は、江戸時代を通じて常識になります。「世法」というのは世間の規範のこと。大人として、あるいは常識としてやってはいけないことです。

　上記の「仏法即世法、世法即仏法」とは、「世法」は「仏法」から来ているのだということです。

　武士は。「これらは車の両輪であり、どちらが欠けてもダメであるというが、しかし、仏法などなくても世間で事欠くことはない。なぜ世法と仏法が車の両輪なのか。仏法など、なくてもいいのではないか」というのです。

　これに対して、鈴木正三が次のように答えます。

《答曰、「仏法世法二にあらず。仏語に、世間に入得すれば出世余なしといへり。仏法も世法も、理を正、義を行て、正直の道を用の外なし」》（鈴木正三『万民徳用』武士日用）

　鈴木正三は、「仏法と世法は別のものではない。世間というものに深く入ってこそ、世の中をうまく渡っていける。仏法も世法も、道理を正し、道義を行ない、正直の道を用いるしかないのだ」といいます。

　簡単にいえば、世間も仏の世界も同じようなものだということです。ですから、仏法というものが即世法になるというのも、仏の世界もこの世間も同じ理屈だというのです。

　ここで強調される「正直」ということは、やはりこの講義でこれまで見てきた「清明心」「正直心」にまっすぐにつながるものだといえましょう。仏教が日本に伝来して、それら古来の価値観と結びつき、「溜まり文化」的に発酵したあり方ともいえます。

さらに続きを読んでいきましょう。

《正直といふに浅深有。理をまげず義を守て、五倫の道正して、物に違ず私の心なきをば、世間の正直とす。是は浅きより深に入の道なり》（同書）

「正直といっても、浅い（＝俗な）正直もあれば、深い正直もある。道理を曲げず、道義を守り、五倫の道で身を正し、いつも物事はこうあらねばならないというところに違わない私心のない生き方を、世間では『正直』というのだ。これは、浅いところから入って、徐々に深いところへ行きなさい」ということです。

　ここに書かれている「五倫の道正して」の「五倫」とは、「父子の親、君臣の義、夫婦の別、長幼の序、朋友の信」の人間関係のことです。つまり、人間がまず持たなければいけない人間関係において身を正すということです。

　ここで正直に浅いものと深いものがあるといっているのが、まことに実践的で、教訓として興味深いところです。

《又仏法の上に正直といふは、一切有為の法は虚妄幻化の偽なりと悟て、本来本法身、天然自性のままに用を真の正直とす》（同書）

　この部分では、仏法にも、実は「正直」というものがあるのだと言い出します。それは何か。
　「一切有為の法」、つまりこの世で起こるすべての物事は、「虚妄幻化」、あるようでいて、実はまったくないのだといいます。
　これは「空」です。仏法でいう「空」を主張しています。因縁によって生まれてくるのが「空」です。

因縁の「因」は、物事を引き起こす直接の原因のこと。「縁」とは、因を助けて間接的に働く条件のことです。

　それ自体で独立して、ずっと固定的に存在しているものなど、ありません。すべてのものが「因縁」によって生まれてきて、変化していくのです。つまり、因縁というものがなければ何もないといってもいいでしょう。

　そのような、あるようでないようなことに、われわれは大いにとらわれて、驚いたり恐れたりしている。それは「虚妄幻化の偽」だというのです。

　それを、「元々ないのだ」と理解するのが悟りなのだ。「本来本法身、天然自性のままに用いるのが、まことの正直なのだ」と、正三はいいます。

　つまり、ここで道元に帰っているわけです。やはり「人間はまず仏である。そして悟っている」ということに戻らなければいけない。そういう人間の根本的なありように戻ることが、仏法でいう正直なのだということです。さらに、それが武士のあり方だと、いってくれているわけです。

「農人日用」…農作業が菩薩の修行になる

　次に「農人日用」（のうにんにちよう）を見てみましょう。農業に生きる人はどうならなければいけないのでしょうか。

《農人問（のうにんとうていわく）云、「後生（ごしよう）一大事、疎（おろか）ならずといへども、農業時を遂て隙（ひま）なし。あさましき渡世の業（とせい・わざ）をなし、今生（こんじよう）むなしくして、未来の苦を受（うく）べき事、無念の至なり。何として仏果に至べきや」》（鈴木正三『万民徳用』農人日用）

農業に携わる農家の人が尋ねます。「人間にとって生きるということは自分にとっての一大事であるのだから、いいかげんにしてはいけないというけれども、ところが農業は朝から晩までただ働いて、したがって仏法修行も何もできない。この世を渡っていくために、ただ土をこねたり耕したりしているだけだから、このままでは、自分の未来はロクなことがなくて、苦を受けることになるのではないか。それでは、まことに無念だ。どうすれば仏のお救いをいただけるでしょうか」と。

それに正三が答えます。

《 答云、「農業 則 仏行なり。意得 悪時は、 賤業なり。信心堅固なる時は、菩薩の行なり。隙を得て後生 願と思は 誤なり」》（同書）

正三は最初から、「農業自体が、仏行（仏の行ない）なのだ」といいます。心得が悪いときは、それは賤しいものにもなる。しかし、信心が非常に堅く、仏を信じていればいるほど、それは菩薩の行ない（＝崇高な行ない）にもなる。自分たちが田んぼを耕したりすることが、菩薩の修行になるのです。

そして正三は、「むしろ、ヒマを得てから、後生のために何か修行しようというのは誤りだ」というのです。

正三は、これらの言葉に続けて、次のように主張します。

成仏を遂げたい人は身や心を責めよ。極寒や極熱の厳しい天候の折にも鋤や鍬や鎌を用いて、煩悩の草むらが

江戸時代の鋤（寺島良安『和漢三才図会』より）

茂るこの身心を敵として、心を込めて耕作すべきだ。ヒマなときは煩悩が高まってしまう。農業のつらく苦しい仕事をして身心を責めれば、心の煩いはない。つまり、農民は四季を通して仏行をしているのであって、なぜ別の修行をする必要があるだろうか。

　こう述べた後、さらに、重要な言葉が続きます。

《夫農人と生を受事は、天より授給る世界養育の役人なり。去ば此身を一筋に天道に任奉り、かりにも身のためをおもはずして、正　天道の奉公に農業をなし、五穀を作出して、仏陀神明を祭、万民の命をたすけ、蟲類等に到迄施べすと大誓願をなして、一鍬一鍬に、南無阿弥陀仏なむあみだ仏を唱、一鎌一鎌に住して、他念なく農業をなさんには、田畑も清浄の地となり、五穀も清浄食と成て、食する人、煩悩を消滅するの薬なるべし》（同書）

　農業を職とするように生まれてきたということは、天があなたに世界の人を養育する役人の仕事を与えたということなのだ。したがって、あなたの身を一生、天道（天）に任せて、かりそめにも自分自身の儲けや収穫などを思わないで、天道に奉公する気持ちで農業に励み、五穀をつくって、仏さまや神さまをお祭りし、万民の命を救い、さらには虫にいたるまで、生きとし生けるものすべてに対して自分は農作物をつくり、食物をつくって助けるのだという大誓願を立てる。

　そして一鍬一鍬、一鎌一鎌、「南無阿弥陀仏、南無阿弥陀仏」と唱えて、この大誓願すなわち「すべての生きとし生けるためにより良い食物を提供する」という思いを大切にして、他念なく農業をしていく。そうすると、田畑も清浄の地となり、農作物もとても清い食になる。そういう清い物を食する人すべてにとって、その作物が「煩悩を消滅する薬」となるのだというのです。

このように正三は、日々の農業がすなわち修行になるのだということを、わかりやすい言葉でまっすぐに訴えかけてきます。そして、この部分も、「神さまとの共作」という日本古来の価値観と、とても親和性の高い主張となっているのです。

「商人日用」…私欲を捨て、天道に沿う商売を

それでは次に「商人日用」を読んでみましょう。

《商人 問 云、「たまたま人界に生を受といへども、つたなき売買の業をなし、徳利を思念、休時なく、菩提にすゝむ事叶わず、無念の到なり。方便を垂給」》（鈴木正三『万民日用』商人日用）

商人は次のように問います。「私は、たまたま人の世界に生を受けた者ですが、なにしろ売り買いの業をやってきたので、なんとか儲けなければいけないということを、休むときなく思っています。これでは。仏の前に出て祈りを捧げるなどということは叶わず、これこそ無念の至りです。なんとかこういう人間が助かる方便はありませんでしょうか」。

それに対して正三は、こう答えるのです。

《答 云、「売買をせん人は、先得利の益べき心づかひを修行すべし。其心 遣と云は他の事にあらず。身命を天道に 抛て、一筋に正直の道を学べし。正直の人には諸天のめぐみふかく、仏陀神明の加護有て、災難を除き、自然に福をまし、衆人愛敬、浅からずして万事心に叶べし。私欲を 専として、自他を隔、人をぬきて、得利を思人には、天道のたゝりありて、禍をまし、万民のにくみをうけ、衆人愛敬なくして、万事、心に叶べからず」》（同書）

売買をする人は、まず得利（利益を得ること）をもっと追求するための心遣いをコントロールできるようにするのが基本ですよ、というのです。

　その心遣いというのは他のことではない。「身命」すなわち身体と命を、天道になげうって、一筋に正直の道を学ぶべきである。

　つまり、そのときに持たなければいけないのは、身命を賭して、天道になげうって、自分が商売しているのも天に代わってやっているのだと思う心なのです。

　正直一筋の人には、諸天の恵み深く、仏陀神明の加護があるので災難は省かれ、自然に幸いというものが起こってくる。そうすると多くの人があなたのことを尊敬し、愛するようになる。万事が心に叶うようになる。

　一方、私欲をどんどん大きくして、もっと儲けよう儲けようとするのが「自他分離」です。相手あるいは他の人はどうでもいい。自分だけが儲ければいいと考え、他の人の苦労を思いやらず、自分さえ良ければいいというようになってしまう。そのようにして、人に勝つことによって利を得ようと思う人には、「天道のたたり（災い）」があって、なんとあの人は嫌な人だと思われて、心で願っていることがほとんど叶わなくなる。

　そのように正三は訴えていきます。最初に「まず利益をもっと追求するための心遣いをコントロールできるようにするのが基本」と述べながら、その方法こそ「正直」なのだと喝破するところが、実に心をくすぐるところです。

商売を「修行」だと考えれば自由闊達な境地に至る

　さらにその先を読んでみましょう。

《貴賤、上下、貧福、得失、命の長短、皆是先世の因果なり。私に名聞利養を願ども、更にしるし有べからず。結句、三悪道（地獄、餓鬼、畜生）の業増長して、天道に背き、必其科を蒙べし。是を恐慎て、私欲の念をすて、此売買の作業は、国中の自由をなさしむべき役人に天道よりあたへたまう所也と思定めて、此身は天道に任せ得利を思念を休、正直の旨を守て商せんには、火のかはけるにつき、水の下れるに随て、ながるゝごとく、天の福、相応して、萬事、心に叶べし。然りと雖も福徳を得て悦ぶべきにあらず》（同書）

　貴賤も、上下も、貧福も、得失も、命の長短も、皆、前世の因果なのであるから、いま自分が名聞利養を願っても、それは効果がない。結局、三悪道（地獄、餓鬼、畜生）の業が増長して、天道に背き、必ずその罪を蒙ってしまう。

　これを恐れ慎んで、私欲の念を捨て、この売買によって国中の物品を、余っているところから足りないところへと供給する役割こそが、天道より与えられたことなのだと思い定める。この身は天道に任せて、金儲けの念を休め、正直の旨を守って商いをすれば、火によって乾いたところに火がずっと行くように、水が低いところへ流れていくように、天の幸いが相応して、万事心に叶うようになる。しかし、そうなったとしても、福徳を得て喜んではいけない。

　そう述べた後、続く文章のなかで正三は「有漏の善根、無漏の善根」の話を展開します。

「有漏の善根」とは、ひと言でいえば、「煩悩に染まっている善根（良い報いを生み出す因となる善行）」のことです。

　この世界は「夢幻泡影」、つまり何も実体がなく、すべてが「空」であり、人間もすべて無一物で生まれてくるものです。にもかかわ

らず、この身は実体であると思い込み、この世界に執着する。そんな煩悩まみれでありながら、たまに良いことをする。そのようなあり方を「有漏の善根」というのです。

　この「有漏善」は、ある意味では自分自身の利得が目的で行なわれているにすぎないと見ることもできます。そのような「有漏善」はいずれ尽きてしまって、必ず悪道に入ることになってしまう。だから、「有漏の善根」ではダメなのだというのです。

　一方、「無漏善」というのは、菩提（＝悟り）の因縁です。つまり、この世は諸行無常で、すべてのものが滅することをしっかりと観察して、涅槃の妙なる楽しみを願うのだと、正三はいいます。

　この「無漏善」をわかりやすく言い換えれば、「自分は天道に基づいてやっている」「菩提心として商売を行なっている」ということを徹底しろということになるでしょう。

　そう述べて、正三は次のように言葉を続けます。

《然ば、売買の作業 則 無漏善となすべき願力を以って、幻化の理を守って信心をはげまし、此身を世界に 抛 て、一筋に国土のため万民のためとおもひ入て、自国の物を他国に移、他国の物を我国に持来て、遠国遠里を入れ渡し、諸人の心に叶べしと誓願をなして、国々をめぐる事は、業障を尽すべき修行なりと、心を着て、山々を越て、身心を責、大河小河を渡て心を清、漫々たる海上に船をうかぶる時は、此身をすてて念仏し、一生は唯浮世の旅なる事を観じて、一切執着を捨て、欲をはなれ 商 せんには、諸天是を守護し、神明利生を 施 て、得利もすぐれ、福徳充満の人となり、大福長者をいやしみて、終に勇猛堅固の大信心発て、行 住 座臥則禅定と成て、自然に菩提心成就して、涅槃の妙楽すなはち無碍大自在の人となりて、乾坤に独歩すべし。盡未来際の喜び、何事かこれにしかんや。堅固に用よ用よ》（同書）

江戸時代の船（葛飾北斎「富嶽三十六景　上総ノ海路」）

　商売の仕事を「無漏善」とするのだという願力によって、つまり、幻化（すべての事物には実体のないこと）の理を守って信心をはげますことだ。そして、わが身を世界に投げ打って、一筋に国土のため万民のためと思って、どの商品をどういうふうにどこへ持っていったらいいのかと考える。

　自国のものを他国へ、他国のものをわが国に持ってきて、遠い国、遠い里のものを諸人の心に叶うよう、みんなに悦んでいただける商品、不足している商品を充足させるのだと誓願をなす。そして、国々を巡って商売をすることは業障を尽くす修行だと考えて、山々を越えて身や心を責め、大河小河を渡って心を清め、広大な海に船を浮かべるときは身を捨てて「南無阿弥陀仏、南無阿弥陀仏」と念仏をする。

　そのようにして、一生はただ浮世の旅だと観じて、一切の執着を捨て、欲を離れて商売をすれば、諸天（仏教の守護神）が守り、日

江戸時代の旅（葛飾北斎「富嶽三十六景　身延川裏不二」）

本の神々も利益を施してくれるので、利益も上がり、福徳が充満する人となる。成金のような大金持ちを卑しむようになり、ついには勇猛堅固の大信心が起こって、日常生活の立ち居ふるまい（行住座臥）が「禅」になる。

　そうなれば、自然に菩提心が成就して、涅槃の妙なる楽しみの境地、すなわち何事にもとらわれない自由闊達な境地に至る。雄大な天と地のあいだを独歩するようなものである。未来永劫の喜びとして、これ以上のものがあるだろうか。堅固にこれを用いなさい、用いなさい。

　そう正三は説くのです。

　読んでいくと、いきいきとした情景が目に浮かんできて、とても勇気をもらえる文章です。

　もちろん、鈴木正三は禅僧として出家した人物ですので、仏教用語が散りばめられています。しかし、その考え方の根幹は、本書でずっと見てきた日本古来の考え方と、非常に通底していることが、

よくわかります。

　このような大きな流れをさらに引き継いで、やさしく説き、多く
の人に流布していったのが石田梅岩です。次講では、石田梅岩につ
いて見ていくことにしましょう。

石田梅岩…「売り手よし、買い手よし、世間よし」の教学

石田梅岩の生涯と江戸時代を俯瞰する

　ここまでの流れを受けて、本講では石田梅岩（貞享2年〈1685年〉
〜延享元年〈1744年〉）について学びたいと思います。

　まず石田梅岩という人の生涯について、「石田梅岩の生涯」の年
表をもとに見ていきましょう。

　石田梅岩が生まれたのは、貞享2年（1685年）。徳川家康が征夷大
将軍になり江戸幕府が開かれた年（慶長8年〈1603年〉）から80年あ
まり経った頃です。出生地は丹波国東懸村（現：京都府亀岡市）で、
父権右衛門、母たねの2男2女の次男。父40歳、母31歳の子でした。
亡くなったのが延享元年（1744年）ですから、60年間の生涯を送っ
たことになります。

　江戸時代で最も隆盛を極め
た期間は、元禄期（1688年〜
1703年）と文化文政期（化政
期＝1804年〜1830年）の2つで
す。

　そのうち江戸時代の最初の
隆盛期である元禄時代は、す
っぽりと石田梅岩が育つ過程
に重なります。もちろん、そ
のような時代的風潮も梅岩に
は大きく影響しています。

　さらにいえば、大きかった
のは徳川家康が戦乱の世を終
わらせたことでしょう。豊臣
家の滅亡後、武を偃せて（＝

石田梅岩
（貞享2年〈1685年〉〜延享元年〈1744年〉）京都 明
倫舎蔵

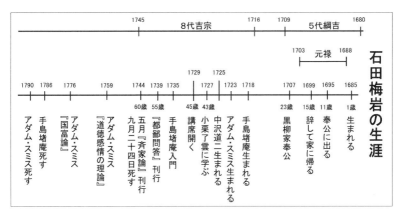

武が用いられなくなり）、元号も慶長から元和と改められたことから「元和偃武」といわれます。

戦乱の世では、どれほど一所懸命に田畑を耕しても、一気に軍勢が駆け抜ければ、それでもう1年間は何も穫れないような状態になります。どこで武士に斬られるかわかりませんし、実際に命の危険もたくさんありました。

家康は征夷大将軍になった翌月に「郷村法令」という法令を出しています。その冒頭には、「百姓をむざと殺候事御停止」とあります。そして実際に、武士がいわれなく百姓を斬ったら厳しく罰せられるようになります。こうした法令を出すことで、町人が明るくなる。そこから、「江戸の街はどうしてあんなに明るいのか」といわれるほど、明るくなってくる。そして、やる気が出て、意欲的になるのです。

「元和偃武」をもって武士の時代は終わり、もう武断政治ではなく文治政治の時代になることを、家康はひたすら思っていました。だから、「農工商」を元気づけなければならない。そのためのもう1つの基本は、経済が回ることです。そこで、経済活動に対して徹底的に力を注いだのです。

そのうえ、延宝8年（1680年）年から宝永6年（1709年）までの第5

代将軍は徳川綱吉でした。綱吉の及ぼした政治的な成果はたくさんあります。さらに、梅岩の晩年の半生は、ほぼ第8代将軍・徳川吉宗の時代（将軍在職：享保元年〈1716年〉～延享2年〈1745年〉）で、これも名将軍といわれた人でした。

ですから、石田梅岩を俯瞰的に見た場合、彼の一生は町人すなわち農工商の階級が武士に伍して台頭するときに当てはまります。また、8代将軍が将軍職を退く1年前に彼は亡くなります。ちょうど江戸時代の経済が隆盛期を迎え、さらに爛熟期に向かっていく前までの時期が、石田梅岩の一生に当たるということです。

うまくいかなかった最初の丁稚奉公

梅岩が奉公に出たのは11歳のときのことでしたが、奉公先が非常にうまくいかない商家でした。

盆暮に丁稚が自分の家に帰るときに雇い主が着せる晴れ着を「お仕着せ」といいました。「これだけお宅の息子さんを大切にしていますから、ご安心ください」といえるものを着せ、ちょっとした土産物を持たせて帰らせる。そのため、丁稚のほうも鼻高々で、ちょっと大人になった気分で帰ります。

しかし、梅岩は11歳で奉公に出て15歳で辞して家に帰るまでの4年間、少なくとも3回の盆暮れがあったはずですが、彼は出ていったときのままの薄汚れた着物で帰ってくる。両親も不審に思っていたら、ある日、その奉公先を斡旋してくれた父親の友人が訪ねてきて、「いやあ、申し訳ないことをしました。あんな家だとは知らなかった。商売が全然うまくいかず、借金がどんどん重なって、まともに丁稚の面倒を見られないような状況です」という。

かくして、梅岩はその後の8年間を実家に戻って、農作業に従事することになります。そのような非常に貧しい、うまくいかない商

家が彼のスタートだったということです。

　キャリアを積むうえでは、成功の体験もさることながら、失敗の体験が非常に重要です。そういう意味で、彼が最初の奉公先で「商家はこうあってはいけない」ということをつぶさに知ることができたのは、その後の梅岩教学からいっても、とても重要なことだと思います。

　梅岩は、子どもの頃からとても理屈っぽかったといいます。友達が何気なくいったことに対しても、「それは、こういう点で理屈に合わない」などと議論を吹っかけるような「嫌な奴」だったと、自分でいっています。「これではいけない」と思い、成人してから治していったといっているぐらい、頑固で融通が利かない。その代わり、一途に何かをずっと突きつめていくようなところがあったわけです。

梅岩の教養を育んだ郷里の寺社

　最初の奉公先から家へ帰ってきてから、23歳でまた奉公へ出るまでの期間、15歳から23歳までが梅岩にはとても重要な修行期だったのではないかと私は考えています。この期間に梅岩が学んだことが、その後の梅岩の学識の基になっているのではないかと私は思います。

　梅岩の実家のある丹波国東懸村は、いまの京都府亀岡市ですが、山里とはいえ京都や大坂からほど近くでもあり、大坂の文化も京都の文化も入ってくる土地柄です。しかも、山里ならではのゆったりした風情もあるところです。

　さらに、奉公先から帰ってきてから実家で8年間も過ごしていますから、貧農ではなく、それなりに暮らしが成り立つような家であったはずです。

この8年間の梅岩の学びを支えたのは、やはりこの地域の寺社だったと思われます。よく調べてみると、梅岩の実家が密接に関与したお寺や神社がちゃんとありました。

　特に、この村には春現寺という禅寺があって、ここは梅岩の家と特別の関係があったということですから、仏教や禅仏教の教義などに対する勉強も、そういうところで修得していたのではないか。そういう環境だったので、ほとんど独学とはいえ、天性の追求魂のようなものがある彼は、どんどん知的な好奇心を開発され、どんどん勉強が進んだのではないかと思います。

学びに打ち込んだ梅岩と小栗了雲の出会い

　梅岩は23歳のときに、もう一度奉公に出ます。23歳で奉公に出るということは、もう丁稚小僧として出るのは不可能ですから、手代や番頭の見習いとして出ていくということです。

　黒柳家という大店（西陣の機屋だったという説もあります）に行くわけですが、梅岩にはもう1つ、神道を学び、神道を広めたいという目的もありました。

　そのため梅岩は、しょっちゅう懐に書物を入れていました。早朝は早く起床して、月明かりの下で本を読むうちにだんだん月がなくなり、朝日に変わっていく。明かりが変わるほどの早朝から勉強し、夜は全員が就寝後、1人月明かりでまた本を読むということを繰り返していました。

　学んでいくなかで、人間の「性（本性＝心の本質）」は何かについて思い悩むこともあったようです。「これはあまりにも勉強しすぎだから、少しは遊びに行ったほうがいいのではないか」と主家からいわれるほど。特に主人の母親が梅岩をかわいがっていた人で、たいへん心にかけていたといわれます。

そのようなことで、23歳からずっと黒柳家で奉公しながら勉強していた梅岩は、43歳（享保12年〈1727年〉）で小栗了雲という人に巡り会います。

　小栗了雲は禅宗の僧といわれます。元々は越後藩（新潟県）の武家でしたが父の代で浪人となり、京都に隠棲していたようです。当時は、こういう世捨て人のようになった、非常な碩学<rp>（せきがく）</rp>がたくさんいました。自分の家を手習所にして、悠々自適、子どもの世話をして暮らす。そういう人に「博覧強記」といっていいような知識人が多く、小栗了雲という人もそういう人でした。この人とのやりとりは、梅岩の著書『都鄙問答<rp>（とひもんどう）</rp>』のなかに出てきます。

　私が類推するに、この小栗という人は、禅仏教はもちろん老荘思想にも非常に長けた人ではなかったかということです。この人の指導があって、禅でいう「悟り」というものを感じるようなことが、梅岩にはたびたびあり、人間の本質についても開悟します。

　また、これも非常に重要なことですが、「無心」の重要さについて学んだのもこの頃でしょう。無心に力点を置いて自分をコントロールしていくことを、梅岩は会得できたということです。

梅岩の教えはなぜ短い期間に広まったか

　小栗了雲が亡くなったのは、梅岩が45歳のとき（享保14年〈1729年〉）のことでした。師も亡くなったため、彼は自分自身で講席を開きはじめます。私も京都へ出かけたときに、車屋町というところ、梅岩の最初の居宅兼講席の跡地を訪れたことがあります。

　梅岩はその地で講義を開くのですが、「何月何日開講す」の張り紙を家の前に出し、「席銭入り申さず」と無料で実施したのです。

　身分も性別も年齢も問わず、紹介者も不要でした。「無縁にても御望みの方は、遠慮無く御通り御聞き成さるべく」と書いて出した

のは、「聞く人などいないだろう」と思っていたからで、案の定、当初は1日に1人とか2人、行き場のない老人が来るという具合だったそうです。

しかし梅岩は、この初心は一生保たなければならないと考え、講席が隆盛になった後も一生この札を出していたといいます。

石田梅岩は、45歳（享保14年〈1729年〉）で講席を開き、60歳（延享元年〈1744年〉）で亡くなるわけですから、なんと15年間しか彼は講席を開かなかった。また、そのうち最初の数年は鳴かず飛ばずだったはずなので、実際に彼が多くの町人に対して直に講義をしたのは、10年前後でしょう。

この短い期間で、なぜ梅岩が大きな影響力を持てたのかが非常に重要です。

あらかじめ解答を申しあげれば、梅岩がとてもやさしく説いたということに加え、ただ大義名分だけを説くのではなく、実質的にとても大切な内容だったことです。

どういうことか。

梅岩の講義は、端的にいえば、「『欲』というものにしてやられない自分をつくるためにはどうしたらいいか」に尽きるわけです。

人間には欲があり、ちょっとでも金が入ってくると、「もっと、もっと」となる。その「もっと、もっと」が出るときが一番危険なときであると梅岩はいいます。そこで、己に克つ（克己）することで、欲心から離れ、仁の心で努力することを説きました。実質的には、自分の心をコントロールする術をまず講義したわけです。

梅岩が説く「商売の基本」

さらに、どこが商業の基本であるかも説きました。

梅岩は、商売の基本は、足りなくて困っているところに、物を届

けるところにあると説きます。どこから持ってくるかというと、足りすぎて余っているところから、足りないところへ持っていくのです。

　足りなくて困っている人に、「これを、この値段でどうでしょうか」というと、相手は足りていないわけですから、「いやあ、ありがたい」といって、買ってくださる。

　一方、別のところに行って、「この土地に余りものはありませんか」と聞く。「こういうものが余っています」と返事が返ってきたら、「それは、私のところでは非常に不足しているものです。それでは、これだけで買いましょう」といって仕入れる。

　このように、足りている部分から不足の部分へやりとりするのがビジネスの基本だと梅岩は強調します。

　ただし、その先の人の心の洞察が、梅岩ならではです。

　誰しも、商品はいいと思っても、いざ買うときに「いくらですか」と聞いて、具体的に値段をいわれた瞬間に、「うーん、ちょっとどうしようかな」となる。この迷いは、人間の心理として誰もが経験するところでしょう。よほどの人でないかぎり、ポンとお金を出すことはないということです。

　したがって、まず「不足」についての認識を共有化するのが商売の基本になるのです。

「これが足りないというお話ですが、どうですか」と相手に問うと、「いやあ、そうなのですよ。この地域はそういうものがとれなくて、とても不足していて困っています。先日も親がこういう状況になって、なんとかならないかと思ったのですが、どうしてもそれが手に入らなくて、親をとても悲しい気持ちにさせてしまって……」などという話になる。そのようにして、不足への認識を共有化するのです。

「そうですか。それでは、いいときに来たわけですね。いま、とて

心斎橋通初売之景(初代長谷川貞信画「浪花百景」のうち)

もたくさんとれた場所から、それを持ってきました」といって、お客様に見せる。そのうえで「これを、いくらで」というと、不足の解消される喜びが主になるから、それなりに喜んでくれる。

　買い手も喜ぶ、売り手も喜ぶという状況です。これが全国に広がれば、たちまち経済活動が活発化するわけだから、世間もとてもいい状況になる。これが「売り手よし、買い手よし、世間よし」です。

　この「売り手よし、買い手よし、世間よし」が、梅岩の大きなテーマでした。

　人間は金を出すことにとても抵抗があるものです。だから、「金を出す」というところを突破するためには、よほどこちらが誠心誠意、本当に不足しているものを考え、不足を補ってあまりあるものを提供していかなければ、商売の道に外れてしまうのです。

　言葉巧みに言い負かし、要らないものをどんどん買わせていくなどということは破滅の第一歩である。そういうことを梅岩は徹底的

に教えたわけです。

　梅岩の15年間の講義活動がどのようなものであったかというと、儒家の『大学』『論語』『孟子』『中庸』『孝経』『小学』『易経』『詩経』、朱子学の『太極図説』、『近思録』、『性理字義』など。さらに『老子』『荘子』『和論語』『徒然草』などの講義をしたといいます。それらの講義をしながら、いま紹介したような倫理道徳や正論を伝えていったのです。

　元文2年（1737年）、梅岩は53歳のときに転居しました。これは、集客増があったからでしょう。そして翌年（元文3年〈1738年〉）、門人数人と連れだって城崎温泉に行き、皆でまとめたのが、梅岩の主著の1つである『都鄙問答』です。

「これからの資本主義」へのヒントを求めて

　いま、われわれは梅岩の後を継いだ手島堵庵（享保3年〈1718年〉～天明6年〈1786年〉）、さらにその後を継いだ中沢道二（享保10年〈1725年〉～享和3年〈1803年〉）などの活躍を経た「石門心学」を知っています。石門心学は全国的規模に広がり、武士も講義を聴くようになり、大坂商人、伊勢商人、近江商人という、日本の「三大商道」の根本になっていきました。

　そのため、どこまでが梅岩で、どこからが2人の中興の祖（手島堵庵と中沢道二）の仕事か、判然としないようになりがちですが、梅岩については「梅岩教学」、それから手島堵庵・中沢道二からは「石門心学」というように厳密に分けたほうがいいように思います。

　なぜかというと、これからの資本主義のあり方について考える前提に立って梅岩を探究する場合、「梅岩教学」は参考になりますが、「石門心学」のほうはあまりに人間の倫理道徳すなわち教養学校になりすぎて、少々経済から遠のいてしまうところがあるからです

（もちろん、手島堵庵、中沢道二らが石田梅岩の思想を受け継いで高めていったのは江戸時代のことですから、より当時の倫理道徳に立脚したものになるのはごく自然なことなのですが）。

アダム・スミス
（1723年〜1790年）

ロバート・ベラーの『徳川時代の宗教』（池田昭訳、岩波文庫）という本があり、梅岩のことも詳細に記されています。ここでベラーが語っていることを知るために、冒頭で見た「石田梅岩の生涯」という年表に戻ってみましょう。

梅岩の生涯に重ねて、アダム・スミスという人の足跡を記してみました。1723年、梅岩が39歳のときに、アダム・スミスが生まれます。それからずっと来て、梅岩が60歳で亡くなって15年ほど経ったときに『道徳感情の理論』が発刊され。また、『国富論』が発刊されたのは梅岩の没後32年となります。

言い換えれば、アダム・スミスがそれらの著作を発表するよりだいぶ前に、「資本主義の倫理」ともいうべきものが、日本では人びとのなかで受け渡されてきたということです。父から子へ、師匠から弟子へ、親方から丁稚小僧へと受け渡していく流れは目覚ましいことで、これはそう簡単にはなくなりません。

そのような伝統を興し、喝を入れたのが梅岩の役割ではなかったか、と私は見ています。

正直、倹約、精勤

また梅岩は、「正直」という価値を重んじ、これを商売で成功するための基本だとしました。

この「正直」を基本としつつ、梅岩は成功するための必須の条件をいろいろと挙げていきます。

　まず、「人びとからの信頼」がなければいけません。商売人としてまず獲得すべきは売上や利益ではなく、信頼・信用です。信頼・信用をまず得なければいけない。そのときに、「正直」という概念は非常に重要です。

　また、梅岩は「天道（天の導くところ）によって」とよく言及しますが、これは「正直」と同じような意味合いで使われている場合も多いように、私は思います。

　やはり成功の秘訣は、「運が強く、天を味方にしている」ことと、「世の中の信用・信頼が厚く、とても尊敬を集めている」ことです。これらの根源となる価値観として「正直」があることはいうまでもありません。

　さらに梅岩がおもしろいのは、「商人の正直」は「正しい利益をおさめることだ」と率直に述べているところです。商人の利益は不正をしてとるのではない。正しい利益をおさめることで立ち行くのだ。商人の利益は、武士の俸禄と同じだ。武士は俸禄を受けなければ武士の道は成り立たないが、商人も利益をとらなければ商人の道は成り立たない。商人が利益をとることばかりを賤しいものだとするのは、間違いだ。そのように明確に訴えたのです。

　江戸期には商いでお金を儲けること、さらにいえばお金そのものさえ「賤しいもの」と考えられることがありました。梅岩のこの主張は、商人たちの誇りを大いに高めたのです。

　もう１つ、梅岩が挙げているのは「倹約」です。『石田先生語録』という書物の冒頭に次のような言葉があります。

《倹約ということは世俗に説くとは異なり、わがために物ごとを吝(しわ)くするにはあらず。世界のために三つ要る物を二つにてすむように

するを倹約と言う》(『石田先生語録』)

　つまり梅岩は、「私のいう倹約と世間一般のいっている倹約は大いに違う。私のいっている倹約はケチることではない。そうではなく世界のために3つ必要なものを工夫によって2つで済むようにすることだ」というのです。

　この発想は見方によれば、「世界のために物や資源を共有化することだ」ともいえるでしょう。要するに、自分が「資源」や「物」を節約すれば、世界の誰かがそれを使って「ああ、良かった」という気持ちになる。そのように、資源を分かちあうことが倹約の最大の要点だというのです。「シェアリング・エコノミー」をいっているのです。

　それからもう1つの倹約は、「廃棄物の再生やリサイクル」です。梅岩の「倹約」の概念は、循環型社会の提案にも結びつくものといえるでしょう。

　さらにもう1つ、梅岩が重要視するのが「精勤（勤勉）」です。

　梅岩がいうのは、「自分の仕事がおもしろくてしょうがない。そのため精勤にならざるをえない。そのくらい、自分の専門に精通しなさい」ということです。

　仕事に精通すれば、いろいろなことが見えてくるようになります。また、自分の意のままに仕上げていくこともできます。おもしろくて、おもしろくて、しかたがなくなるはずです。

　逆に、勤労を少々さぼりたいというのは、自分の職能に長けておらず、精通していないためであることが、ままあります。それではいけない、精勤の元は精通にあると梅岩は強調するのです。

洪水ですべて流された商人は？…深い智恵の数々

　では、正直、倹約、精勤を貫く仕事とは、どのような姿でしょうか。梅岩は、『倹約斉家論』という著作に、次のようなエピソードを書いています。

「関東のほうで洪水があり、江戸の大店がすべて流されてしまった。したがって売上伝票も借用書もすべて流されたのだが、そういう場合、自分はどのようにしたらいいでしょうか」

　そういう問いに対して、梅岩は「まだ残っているものがあるはずだから、それを徹底的に売りなさい」と答えます。

　自分が羽織る程度の物以外は全部売って金にして、心当たりを尋ねて自分の「借り」を問うてみる。「あなたにいくらか借りていませんでしたか。借りていましたね。今度の災害で全部流されてしまったので、とりあえずこれだけお支払いします」と話して、貸し借りをなくしていきます。

　さらに、お世話になったところには「これを差しあげるので、支払いに充ててください」と懇切丁寧に尽くし、全力で相手に損失をかけまいとする。

　こういう姿勢に打たれない人間は非人間だから、そういう相手とは、それ以降はつきあわなくていい。この姿勢に打たれた人と、新たな関係を持って仕事をすべきだと、梅岩はいいます。

　心打たれた人は、なんと返事をするか。

「それはお気の毒ですね。それでは、私が少し資本を出しましょう」「私も出しましょう」と、いろいろな援助を申し出てくれる。さらに「もう少しお金を貸しましょう」という人も出てくる。それまで全部1人で仕切っていたものが、最初から多くの人が関わって助けてくれるような状況になる。そうすれば、素晴らしい関係先の

支援を受けて新しくスタートできるようになるのです。

　まことに智恵（世間知）に富んだ考え方といえるでしょう。このような智恵の数々が、日本の商人たちの魂に沁み込んでいったのです。そして、それが多くの人たちにスッと沁み込んだのも、梅岩の発想法が、日本古来の価値観と、きわめて親和性の高いものだったからでもあるでしょう。

　このような伝統がわれわれの深奥にあることに、われわれはもっと目を向けるべきだと、強く思うのです。

松下幸之助…「運」を強くする ための日本的哲学

大阪船場の奉公先で商売のコツを学ぶ

　これまでこの講義シリーズで、日本古来のさまざまな価値観が大きな流れとなって脈々とつながり、さまざまな思想として現われてきたことをお話ししてきました。

　その大きな流れのなかで、鈴木正三、石田梅岩という人物が登場し、世の中に大きな影響を与えていきました。

　本講では、石田梅岩までの流れを色濃く受け継ぎ、明治から昭和期に活躍した人物について学びましょう。

　松下幸之助さん（明治27年〈1894年〉〜平成元年〈1989年〉）です。

　松下幸之助さんは、言わずと知れたパナソニック（前：松下電器産業）の創業者です。

　松下幸之助さんは、和歌山県和佐村（現：和歌山市）に生まれ、尋常小学校を4年で中退して、9歳で大阪船場の火鉢屋に奉公に行きます。父親は小地主で資産家でしたが、米相場で失敗して零落し、単身大阪に働きに出ていたのです。

　この火鉢屋が3カ月で店をたたんだため、松下幸之助は同じ船場の自転車屋で奉公をすることになり、それから15歳までそこで働きました。後年、松下幸之助は、この奉公先で叱られつつも、身をもって知りえた商売のコツやいろいろな体験こそが、「何ものにもかえがたい1つの貴重な宝であった」と述べています。

　当時の大阪の船場には、石田梅岩の教えが色濃く息づいていました。最近では、「松下幸之助は石田梅岩のこと

松下幸之助
（明治27年〈1894年〉〜平成元年〈1989年〉）

を知らなかった」などといわれることもあります。しかし、石田梅岩という個人を知るも知らぬも、子どもの頃からの船場での教育で、その実践的エッセンスを血肉のものにしていたことは間違いありません。

　その後、松下幸之助は、明治43年（1910年）に市電が走るのを見て電気の時代が到来することを直感して自転車屋を辞めて、大阪電灯（現：関西電力）の屋内配線の見習工として入社します。そして最年少で工事担当者、さらに検査員に昇格しますが、大正6年（1917年）に大阪電灯を退社し、翌年に松下電気器具製作所を起業し、ソケットの製造販売を始めるのです。

　それから1代で一大企業グループを築き上げていったことは、あらためて説明するまでもないでしょう。経営哲学についての書籍も数多く発刊され、「経営の神様」と称されるまでに至りました。

松下幸之助に聞いた「経営者の条件」は「運の強さ」

　私は35歳のときに、松下幸之助さんに初めてお目にかかりました。そのときに、「リーダーの条件、経営者の条件とはどういうものでしょうか」と私はうかがいました。

　すると松下幸之助さんは、

「それは、運が強いことです」

とおっしゃったのです。

　当時の私には「運」はあまりなじみがなかったので、少し意外な気がしまして、反論も含めて次の問いを発しました。

「運を強くするには、どうしたらよろしいのでしょうか」

　すると松下幸之助さんは、

「それは、徳を積むことです」

とおっしゃいました。

この場合、松下さんが「運が強い」とおっしゃったのは、たとえば次のようなことだと思います。人間には、人生で何度も絶体絶命と思われるピンチが来る。そのときに助け舟が来るかどうかが運である。助け舟が来なければ、そのままアウトで、来た人だけが最後まで生き残る。それが非常に重要なのだということです。

　若かった私は、経営者の条件を「運の強さ」といわれて少々意外な気がしましたが、年を経るにしたがい、目覚ましい答えをいただいたと思うようになりました。

　なぜならば、会社の社長が運が弱かったら、どうでしょう。そう考えると、見事な解答だと思うのです。さらに、その運を強める方法すらもいっていただいた。それこそが「徳を積むことだよ」ということです。

　さらに松下翁は、こうもおっしゃいました。
「Aさんに徳を尽くしたからといって、Aさんから返ってくることは滅多にない。まったく違うところから返ってくるものだ」

　これは結局、社会が連関性を持っていて、すべてはつながっていることをおっしゃりたかったに違いありません。皆が支えあい、ある意味では皆が手と手を取り合って成り立っているのが社会だということだと思います。

「徳」という概念が非常によくわかるお話でした。

「徳」を江戸時代の教育でいかに教えたか

　では、いったい「徳」とはどのような概念か、あらためて考えてみましょう。

　実は、江戸期に子どもの教育のなかで一番重視したのが、この「徳」という概念でした。

　なぜ徳を重視したのか。親として一番見たくないのは、自分の子

どもが孤立している姿だからです。近所の子どもたちが和気あいあいと遊んでいるのに、1人だけポツンとしている子がいる。誰かと思ったら、自分の息子や娘である。これはたまらない、というわけです。

したがって幼年期の頃から、そういう状況にならないように、社会生活をうまく運べるように育ててあげることを、親の務めとして非常に重視したのです。

そのために、まず「社会は、誰と誰からできているのか」と問いを発します。もちろん、「自己と他者」からできています。そして、「自己は何人ですか」といえば1人に決まっている。他は全部「他者」です。つまり、自己本位や利己主義になると、その途端に孤立してしまうことを、そのような問いによって、しっかりと言い含めたのです。

江戸期に寺子屋に上がるのは、いまの小学校1年生と同じ6歳でした。そのときに読む書物が『大学』ですが、その冒頭には、
「大学の道は明徳を明らかにするに在り」
とあります。
「明徳」すなわち、「誰の目にもわかるような徳」を明らかにする。この場合の「明らか」とは「身につける」という意味と同義です。「明徳」の基本は「徳を身につけること」である。なぜならばといって、社会の構造のことをよく話していくのです。

さらに、「嫌な人間、つきあいたくない人間とは、どういう人ですか」と聞きます。こぞって挙げられるのは「自己中心・自分勝手・自分の利益優先」の人間。つまり、利己主義の人間は嫌われるのです。

そのような嫌われる人間にならないよう、孤立しないようというのが、社会生活の基本の第一歩です。徹底的にここを子ども自身に悟らせることが大切だということで、「徳」という言葉をいろいろ

なところに書いておき、また本人にも書かせて、そして守らせたのです。

「自己の最善を他者に尽くしきる」ことが勢いを生む

「徳」がどうして社会生活で重要なのかというと、「徳」の意味に立ち入る必要があります。

「徳」とは何かといえば、「自己の最善を他者に尽くしきる」ことです。

もちろん、いま、その場の状況での最善でかまいません。自分のいまできる最善を、相手の人に尽くしきることです。

ここにAさんという人がいて、私がその人に、いまできる最善を尽くす。そうすると、Aさんは私に対して何といってくださるか。「ありがとう」といってくださいます。

この「ありがとう」という言葉自体が、「有り難い」「ありえないことが起こった」という、凄い言葉です。そういう「ありがとう」が交わされると、そこには「感謝の人間関係」が成立します。

人間関係には損得や利害など、いろいろな関係がありますが、「感謝の人間関係」が最も崇高です。

私がAさんに自己の最善を尽くし、Aさんと「感謝の人間関係」が成立したとすると、私が病に伏せったときにはAさんが見舞いにきてくれたり、仕事がうまくいかずに気が腐っているときには、「何か自分にできることがあるか」と手を差し伸べてくれたりする。

このような無償の厚意で私を助けてくださる人が存在している。そのこと自体が、非常に力強いもので、社会生活には欠くべからざる必須のものだと、ずっといわれてきたのです。

人生とは、「感謝の人間関係」をどのぐらい稼いだり結んだりできるかということだと、中国古典や東洋思想も説いています。

また最近、西洋から来られる方で、「やはり『徳』が重要ですね」と話の端々で述べる方がとても多くなりました。英語では"Virtue"といいますが、これが非常に重要だというのです。

　この「徳」は、日本では実は「いきおい（勢い）」とルビをふっていました。これは、天皇の用語です。

「朕に不徳の致すところがあって」、そのために災厄や飢饉などの不幸が国民に来てしまう。それは、ひとえに天皇である自分に「勢いがなかったから」という意味で、「勢いのなさ」を「不徳」といっているのです。

　この「勢い」とはどういうことでしょうか。

　もしいま、1日に1人の相手でいいから自己の最善を尽くしきったとすると、感謝の人間関係の人が1年で365人もできます。そして、何か具合が悪かったり、うまくいかなかったりしたときには、365人が「おい、大丈夫か。元気出せよ。何かあったらいえよ」といってくれるわけです。

　しかし、自己の最善を他者に尽くしきるチャンスは、存外ないものです。たとえば通りを歩いている人に、「すみません。私はあなたに自己の最善を尽くしきりたいのですが」などといったら、「あ、おかしな人間が来た」と敬遠されてしまいます。

　その点、たとえば松下幸之助さんは「仕事こそ、自己の最善を尽くすチャンスだ」と強調するわけです。

　人間は30年や40年は働きますが、その気になって「自己の最善を尽くしきること」を10年間やったとすると、なんと3,650人と感謝の人間関係が成立するわけです。3,650人が助けてくれるとすれば、これは「勢い」ではありませんか。

　つまり、日本で天皇が「朕の不徳の致すところ」といい、「徳」を「勢い」と呼んだのは、まさにこういうことです。

　天皇の「不徳」の例でいえば、自分（天皇）の行ないが悪かった

ために、天地神明や多くの人びととの感謝の関係のネットワークがうまく結べなかった。だからこそ、災厄や飢饉などの不幸が起きてしまったと考えるのです。

普通の人間にとって、あるいは組織や会社にとっての「勢い」も同じです。

勢いのない人間や、勢いのない会社は、それ自体がもう失格です。空元気で「さあ、やるぞ！」とか「エイエイオー！」などと気勢を上げるだけでは、「勢い」とはいいません。感謝の関係の分厚いネットワークこそが、本当の「勢い」だと思います。

「自分を取り巻く大きなものへの信頼感」と運の強さ

本講では、松下幸之助さんがリーダーの条件は「運が強いこと」だと指摘され、運を強くするには「徳を積むこと」だとおっしゃったことを糸口に話を進めてきました。

さらに、「Aさんに徳を尽くしたからといって、Aさんから返ってくることは滅多にない。まったく違うところから返ってくるものだ」と松下幸之助さんがお話しになったことも紹介しました。

ここであらためて、これまでの講義を振り返りつつ、これらの松下幸之助さんの言葉について考えてみましょう。

これまでの講義で「運の強さ」についてお話ししたのは第2講でした。豊かな自然に恵まれた日本では、「自然と人間との素晴らしい呼応関係」が成立していた。そのため、「さかしらを排して、自然の凄まじい力との一体化」を成し遂げようとする日本人の精神性が生み出されてきた。利口ぶって、出過ぎたふるまいをするのではなく、相手に寄り添い、凄まじい力に抱かれて、その力と一体化しようとする精神性です。

日本人は、人智を超えた自然の凄まじい力を「神」と呼んできま

した。ときには、荒ぶる神として人間に災害を与えることはあるけれども、基本的には豊かな恵みをくれる。だからこそ日本人は、「人智を超えた存在である神と一体化することができたかどうか」を、「運の強さ」と考えてきたのです。人智を超えた凄まじい力＝神が、自分を助けてくれる。良きにつけ、悪しきにつけ、必ず神が助けてくれる。そこには、「神さまのおかげ」という信頼と一体感がありました。

　これらのことを思い起こしつつ、松下幸之助さんの言葉を味わうとき、大きな気づきを得ることができます。

　日本人が大切にしてきた「相手に寄り添い、相手の力と一体化する」精神性は、まさに「徳＝自己の最善を他者に尽くしきる」と裏表になる話です。自己の最善を相手に尽くしきるのは、まさに相手に寄り添い、相手の力と一体化することに他なりません。

　さらに、「神さまのおかげという信頼感と一体感」は、松下さんがおっしゃる「Ａさんに徳を尽くしたからといって、Ａさんから返ってくることは滅多にない。まったく違うところから返ってくるものだ」というお話と濃厚に結びつきます。

「誰かに徳を尽くしたら、別の誰かから返ってくる」というのは、それ自体としては論理性のない話です。もちろん、松下さんはこれをご自身の経験則や大阪の船場で学んだ教えからおっしゃったのでしょう。しかし、本当にそうかといわれたら、その根拠を証明するのは、なかなか難儀です。

　むしろこれは、「神さまのおかげという信頼感」に立脚するものとしかいいようがありません。言い換えるなら、「自分を取り巻く大きなものへの信頼感」ともいえるでしょう。

　その信頼感があるからこそ、たとえ自分が最善を尽くした相手から返ってこなかったとしても、「必ずや別のところから返ってくる」と安堵・安泰な気持ちでいられる。安堵・安泰な気持ちでいられる

からこそ、自分が尽くした相手が返してこなくても腐ることなく、広い心を保ちつづけることができ、どんどん別の相手に自己の最善を尽くすことができる。

そのような人であれば、必ずや周りから信頼され、感謝のネットワークが幅広く形成されるに違いありません。そこにはおのずから「勢い」が生まれるはずです。であれば、「運の強さ」が生み出されていくことも自明のことといわざるをえません。

まず日本人であるという意識を根底に持って

信頼感や安泰に立脚しているから、感謝のネットワークが形づくられて、勢いが生まれてくる。この好循環は、まことに日本の素晴らしい伝統です。

松下幸之助さんは、そのような日本の伝統をとても大切にしていらっしゃいました。松下幸之助さんは『日本と日本人について』（PHP研究所／1982年）という著書で、次のように書いておられます。

《日本人は日本のよき伝統に立ちかえり、日本人としての主座をとり戻さなくてはいけないと思います。自分というものをはっきり持っていなければならないのです。どのようなすぐれた思想や制度をとり入れるにしても、その前に、まずお互いが日本人であるという意識を持っていなくてはなりません。日本人であることをはっきり意識し、その意識を根底に持って、あらゆるものの考え方を消化吸収して、よりよき日本人、日本の国を育てていくことが大切だと思

『日本と日本人について』(PHP研究所／1982年)

います。

　そういうことはくり返し述べたように、過去二千年にわたって代々の日本人がずっとやってきたことなのです。日本人としての主座をしっかりと持って、仏教をとり入れ、儒教をとり入れ、その他もろもろの文化を吸収消化し、それによって国民の共同生活を向上させ、日本を発展させてきたわけです。その伝統をふたたびよみがえらさなくてはいけないと思います》（松下幸之助『日本と日本人について』）

　松下幸之助さんはご自身の渾身の人間哲学や宇宙観を『人間を考える』（PHP研究所／1972年）という本にまとめました。この本をまとめ終わったとき、幸之助さんは「これ、まとめたからな、わしはもう、死んでもええわ」とおっしゃったとも伝わります。

　その「人間を考える第2巻」として位置づけられたのが、いま引用した『日本と日本人について』なのです。いかに日本についてのメッセージに力を入れておられたかが伝わってきます。

　この書で松下幸之助さんは、日本の伝統精神の大切なものとして「衆知を集める」「主座を保つ」「和を貴ぶ」の3つを挙げつつ、外来の思想をあくまで「自らの主座」を保ちつつ見事に取り入れていった日本の素晴らしさをうたいあげています。

　また、松下幸之助さんの最大のベストセラーは、500万部以上も売れているという『道をひらく』（PHP研究所／1968年）ですが、この短編随想集の掉尾<ruby>掉尾<rt>ちょう び</rt></ruby>を飾るものとして、「日本よい国」という1文を掲げています。こちらも一部分を紹介しましょう。

『道をひらく』（PHP研究所／1968年）

《春があって夏があって、秋があって冬があって、日本はよい国である。自然だけではない。風土だけではない。長い歴史に育くまれた数多くの精神的遺産がある。その上に、天与のすぐれた国民的素養、勤勉にして誠実な国民性。

日本はよい国である。こんなよい国は、世界にもあまりない。だから、このよい国をさらによくして、みんなが仲よく、身も心もゆたかに暮らしたい。

よいものがあっても、そのよさを知らなければ、それは無きに等しい。

もう一度この国のよさを見直してみたい。そして、日本人としての誇りを、おたがいに持ち直してみたい。考え直してみたい》（松下幸之助『道をひらく』）

このまっすぐで、素直で、清明な文章につけくわえるべき言葉はありません。

「惟神の道」…天皇が体現する日本の深い精神性

外来文化によってむしろ強化された日本の神信仰

　ここまで、日本の文化や精神の根底にあるものに迫り、さらにその大きな流れを追いながら、そのなかでの日本人の生き方について検討してきました。

　しかし、やはりどうしても不思議なことがあります。

　私は日本は「溜まり文化」だと申しあげました。仏教、禅仏教、儒教、道教など外来思想が入ってきても、日本古来のものは失われることなく、むしろいずれも積み重なりながら、それぞれに発酵して見事な文化や精神に結実していったのです。

　しかし、多くの諸外国では、強力な外来文化が入ってきたら、それまでの文化は「上塗り」されてしまうものです。それは中国大陸や韓国においてもそうでした。歴代の王朝のなかで、仏教を国是としたものもあれば、儒教を国是としたものもありました。しかし、いずれも滅び去り、上塗りされてしまって、日本ほどに「溜まり文化」となっていることはありません。

　なぜ、日本には日本古来の精神性が色濃く残りつづけたのか。「溜まり文化」の姿を形成してきたのか。

　この疑問は、外国人からもよく投げかけられます。その問いに対して「いや、そうではありません。日本古来の精神性は失われず、もっと強化されたのです」と答えると、皆、「えっ、本当に？」といいます。「強化されたのはなぜか」というところへ話を進めていくと、日本というものの体質がよく見えてくるのです。

　まず、外来文化の伝来について少し説明すると、513年に百済の五経博士・段楊爾という人が儒家の思想を持ってきたのだと『日本書紀』にはあります（『古事記』は、それよりも早く、王仁という人物が『論語』をもたらしたと伝えます）。だから、儒家の思想は仏教よ

りも25年以上早く伝来したことになります。そのもっと前に道家の思想、すなわち老荘思想が入ってきたといわれますが、これは史料的にははっきりしません。そして、538年が仏教伝来です。

ではそうした外来文化を、どのようにわれわれの先祖は受け取ったのか。

まず、老荘思想が入ってきたことによって、神道という土俗的信仰に、老荘思想的な宇宙観（宇宙はどういうものか）が影響を与えることとなりました。神道は道家の思想（タオイズム）から得たものを吸って「宇宙大の広がりを持った」ともいえます。

それから、儒教が入ってきて、ここからは政治的な手法や、政策立案のヒントとしての理法などを学びました。

また、仏教が入ってくる。仏教は生と死の区分を非常に明確にして、死後の救済に力を持つ面で、非常に重要でした。つまり、「死んだ後をどう保障するか」ということが、仏教によって論じられ、成り立っていくのです。

そして、かなり遅れて、禅が入ってくる。これこそが鋭い感性と深い精神性の論理づけとして役立ったといっていいと思います。

その後、仏教のいろんな宗派ができ、それがどんどんと増えて、いろんな教えがわれわれにもたらされるようになった。また儒教は特に江戸期になって開花します。老荘思想はその背景をずっと司っている。禅もそうです。

日本の神信仰が1万年近く絶えないのはなぜか

しかし、そのようにいろいろな思想が伝来して大きな影響を与えながらも、結局、日本の古代から始まる霊力、神信仰、また産霊神などの伝統は、縄文まで入れれば1万年近くずっと日本には流れつづけたわけです。いろいろなものを共存させながら、それらをうま

く一本化して長く続け、ずっと「たいまつの火」が絶えないように燃やしつづけている凄さがあるのです。

　それがどうして絶えないのか。あるいは、どうして変わらないのか。強烈な思想哲学が外国から入ってきても、神道がずっとわれわれに馴染み深いものとして、日本のバックグラウンドにあるのはなぜなのか。

　もし、神道がずっとバックグラウンドにあるためには、何か象徴的なものが非常に色濃く存在していなければいけません。そうでなければ、変容してしまいます。

　その問いを突きつめたところで立ち現れるのが天皇なのです。

日本の特性を体現する天皇のお姿

　では天皇とはどういう存在なのか。また神道とは、そもそも何を説いているものなのか。

　わかりやすくいえば、「神さながらに暮らす」ということです。「神さながらの生き方」を日本人の最高の到達点に置くのです。これを「惟神の道」といいます。

　しかし、「神さながらの生き方」が日本人の最高の到達点だといわれても、それだけではなかなかピンときません。「ちょっと待ってほしい。人間は人間だから、神になってしまったら意味がないのではないか」と思う方もいらっしゃることでしょう。

　また、「人間として神さながらに暮らす」といわれても、それがいったいどのようなことかは、よくわかりません。

　しかも何といっても、第3講で見てきたように、日本の神さまは「姿があるもの」というより「感じるもの」です。「感じるもの」である神さながらに暮らすといわれても、ますますわかりません。

　普通に考えるならば、どの時代であっても、多くの日本人の疑問

はそこに集まってくるはずです。そして、「そんなにいうなら、神さながらに生きている人間を出して見せてよ」と問い詰める人がいても不思議ではありません。

　しかし、日本ではそうはなりませんでした。なぜか。

　それは、天皇が長い歴史を通じていらっしゃったからです。

　今回の講義シリーズでずっと申しあげてきた縄文から続くダイナミックな生命エネルギー、安堵感や安泰感、神さまとの共作などといった日本古来の鋭い感性と深い精神性を全部、一身に担っておられる存在こそ、天皇なのです。

　現代の日本においても、天皇は非常に深い部分でそのような精神性をお示しくださっています。

　現代においても天皇は、内閣総理大臣の任命、最高裁判所長官の任命、国務大臣その他の官吏の任免認証、国会の召集、法律や条約の公布、大使の信任状の認証、外国の大公使の接受などをはじめ、多岐にわたる数多くのご公務をされています。かつての名だたる摂政や関白、征夷大将軍などを任命したのも、そして現在の内閣総理大臣を任命しているのも天皇であるという事実1つだけで、日本の歴史の大きな流れを実感し、安堵感や安泰感を覚えます。

　また、自然災害の被災地などへの行幸啓や、折々に賜る「おことば」が、どれだけ日本国民の深い心の支えになっているか、あらためていうまでもありません。

　和歌を詠むことで大御心を示されるのも、長い日本の歴史のなかで歴代天皇がずっと行なわれてきたことです。毎年1月に行なわれる歌会始の儀に、広く国民から万を超える詠進歌が寄せられ、選ばれた十首が古式ゆかしく披講されるのも、まことに言霊の幸わう国・日本の伝統の素晴らしさを明示するものといえるでしょう。

　そればかりではありません。最近でこそ、少しずつ一般にも知られるようになりましたが、古くから伝えられてきた数多くの宮中祭

祀を大切に継承され、国家国民の幸せや安寧を祈っておられます。まさに日本の深い精神性を、日々、体現されているのです。

　宮中祭祀がどのようなものかについて、松下幸之助さんが前講で紹介した『日本と日本人について』という著作のなかで、とても印象深く、かつ、とてもわかりやすく紹介されていますので、ここで引用したいと思います。

《今日、宮中での諸祭儀は、元旦の四方拝から、大晦日の大祓の儀まで、一年の間に六十回余りですが、そのうちの二十余回は天皇のご親祭だということです。多忙な国事とともに、そうした諸祭儀を守り行なわれるだけでも、まことに容易でないと思われますが、しかもそれらの多くは早朝とか深夜にとり行なわれるというのですから、非常に大変なことです。

　けれども、天皇はこうした祭儀はすべてご自身の当然の役目と考えられ、誠心誠意尽くしておられるということです。

　たとえば、年頭の四方拝の儀は元旦の早朝にとり行なわれますが、これは天皇ご自身で行なわれる祭儀で、代行が不可能とされていると聞きます。すなわち天皇は、御一人で宮中賢所神嘉殿前庭に設けられた御座に進まれ、伊勢神宮を始め四方の天神地祇、山陵を御拝になり、国家国民の安泰、国運の隆昌繁栄、世界の平和を祈念されるということです。真冬の早朝明けやらぬ暗いうちに、身を清め、衣裳を改めて、庭の白砂の上でのこの厳粛な御拝礼にのぞまれるわけです。われわれ国民がまだ寝静まっている元旦の早朝に、皇居の中心においてすでに天皇によって、こうした国家国民の安泰、世界の平和を祈る儀式が行なわれていることを知る時、そこに何ともいえない粛然としたものが感じられるのではないでしょうか。

　そして、いうまでもなく、こうした諸祭儀は今に始まったものではありません。代々の天皇によって昔から続けられてきた宮中の祭

事であり、また、国民のための祭事であるわけです。そうしたことが建国の初めからといっていいほどの昔から行なわれ、今日もなお続いているということは、日本と日本人を考える上でまことに大事なことだと思います》（松下幸之助『日本と日本人について』）

　松下幸之助さんがおっしゃるとおり、このような天皇のお姿を知るにつけ、日本というものを決定づける最大の要点として、天皇がいかに大切なものかが、つくづく痛感されるのです。
　同書で松下幸之助さんは、次のようにもおっしゃっています。

《日本の伝統の精神というものは、本章に述べたような天皇家の姿の中にあらわれているのではないかと思うのです。いいかえれば、天皇制の中に日本の伝統の精神がみられるということになると思います。（中略）
　したがってまた、天皇制のもつ意義というものはお互い日本人にとって何ものにもかえがたい、はかり知れないものがあると思います。かりに他の国の人びとが、日本の天皇制というものは非常に価値あるものだから、自分の国でほしいと考えたとしても、これはつくることもできなければ、お金をもって買うこともできません。それほど貴重な得がたいものを日本人はすでに持っているのです》（松下幸之助『日本と日本人について』）

　われわれとともに、そして時代とともに、天皇がおられる。そして天皇が「惟神の道」、すなわち「神さながらの生き方」をそのお姿をもって教えてくださっている。
　そのようなあり方を、長い歴史を通じて、しっかりと大切に保ってきた国が、他にあるでしょうか。これは驚異的といってもよいことです。

もっというならば、そこがしっかり形づくられているのが日本なのです。まことに、凄いことだと思わざるをえません。

　このような日本のあり方を、しっかりとふまえつつ、縄文以来1万年以上も続いてきた日本の精神性に立脚していく。

　縄文から続くダイナミックな生命エネルギーの創造性。ずっと重んじられてきた「清明心」や「正直心」。豊かな自然への信頼感に根ざした安堵感や安泰感。神さまとの共作という観念から発展していった勤労の精神。そのような鋭い感性と深い精神性を重んじることこそ、日本人の成功の近道であり、日本人としてめざすべき生き方なのです。

おわりに

　かれこれ約50年、わが国日本に十数世紀あまり蓄積されている儒教、仏教、道教（老荘思想）、禅仏教、神道から成る「東洋思想」を研究対象に生きてきました。

　最近では、これらの知見が近代西洋思想の行きづまりを打開できないかとの願いから、さまざまな分野の社会的問題の解決の一助のため、日本語・英語・中国語のニュースレターを世界に向けて定期的に配信しています。それを中心に、関連する諸々の活動に勤しんでいます。

　と同時に、「日本人としての教養強化セミナー」を、すでに30年開催しています。私は教養を「生きるための武器」として捉え、「人生をより良くするための戦略講座」として行なっています。

　なにしろ私は、どうせ生きているのであれば、「愉快な人生」を生きなければ損だと強く思っています。「苦も楽のうち」として、苦難の日々も、今後の愉快な人生のためには、とても大切なことなのです。

　もう一つ、私は「人生百年時代の生き方」も説いています。

　現在、多くの人々が「人生六十年」の生き方を前提としているため、60歳以降の最高の「人生の円熟期」を楽しんでいません。これほど、もったいないことはありません。

　生まれてから20年は準備期間で、ここで最も重要なことは、「自分の天性の発見」なのです。

「天性」は実に大切なことなのです。自分を生かすも殺すも天性です。何しろ天性は、80億人の人間がいれば、1人として同じ天性の人はいない。1人ひとりに実に巧妙に与えられているのが、自分に

しかない生まれついての能力「天性」なのです。

　天性を活かせば、人間としての〝伸び代〟、可能性が明確に表われ、なにしろ自分の根本と合致しているのですから、楽しくてしょうがないことになります。苦しい修業も何なく乗り越えることができますし、潜在能力がどんどん発揮されますから、自分が自分に驚くほど、専門能力が高くなります。

　少なくとも入社後1カ月弱で退社届が出るようなことはなくなります。

　20歳から60歳までの40年間は、第1回目の人生で、この期間は「本番の人生のためのトレーニング期間」といっても良いでしょう。

　そうです。「失敗の経験」をするときです。〝若いときの失敗は傷が浅い〟といいます。取り返しはいくらでも可能です。しかし貴重な体験は体験として残りますから、経験豊富な人間になります。「失敗を恐れない」ことです。本番の人生は60歳からであると思えば、良い意味で余裕が出ます。思い切りやって下さい。

　60歳から100歳までの40年間こそ、いよいよ本番の人生です。前の第1回目の人生で、さまざまな経験を積んでいますから、自信たっぷりで何ごとにも対処できます。

　私は現在82歳で、本番の人生をすでに22年間生きましたが、まさに「愉快な人生」を生きています。さらにいえば、年々「愉快が強まる」ように感じます。こんな良い人生はないと実感していますが、何と学校時代の同級生のほとんどは、すでにリタイアと称して現役はいません。つくづく惜しいと思うばかりです。

　60歳定年制とは、それは会社、もしくは社会のいっていることで、人間の人生が定年を迎えるのではありません。ここをよくよく自覚することが大切です。

　要は、「生きているかぎり現役」なのです。そして「生きているだけで百点」です。

生きていることは素晴らしいこと。かけがえのないものです。「愉快に生きてください」。私の望みはそれだけです。

　なぜ、そう思うかといえば、私は1回、人生が終わりを迎えそうになったからです。

　25歳のとき、私は記録映画の監督でしたが、タイ国のバンコク市郊外の田園のなかでの撮影中、突然、巨大な水牛2頭に襲われ、何度も死線を越えてしまったのです。

　1回「死ぬとはこういうことか」という貴重な体験をしたことは、私の人生観の根本を成しています。

　だからいうのです。「愉快な人生を生きてください。」

　私の講座の受講生は、これまでで1万名を超えたようですが、その時代を象徴するかのような人が多いように思います。別の言い方をすれば「いまの時代を知る最も良い方法」こそ、受講生とじっくり話しあうことなのです。高度成長期、低迷期、転換期、それぞれの時代性の象徴のような人が多いのです。

　そこでいま、最も感じることがあります。

「生きる自信を失ってしまっている」

　という人が多いことです。

　それも年々、多くなってきています。10年ぐらい前は、各官庁の官僚やエリートビジネスマンに多く感じられましたが、いまやそこにプラスして、一流企業の社員やフリーで働いている専門家などが加わり、「若い日本人の深刻な問題」として「生き方の喪失」ということがあるように思います。シンプルにいえば「大志を抱いて」生きるなど、とてもできない世の中になってしまっているのです。

　私の若いときは、良い小中高を出て、学歴として輝くような大学、大学院を出て、官庁や一流企業、ときには、おもしろそうなベンチャーへと進む、というのが人生のモデルとしてありました。

そうしてみた人の多くが感じたのが、幼少期の過重な努力のわり
あいには、「おもしろ味に欠ける人生だった」ということです。

　そうしたこともあって、この人生モデルはここ10年ぐらいで変化
しました。自分のライフスタイルを重視して生きるという人が多く
なったように思います。

　田舎暮しや海外暮しをしてみるなど、「類型的な理想的エリート
人生」ともいうべきものが、「多様な、自分の幸せ感優先の進路選
択」へ変わったように思います。

　そこに襲来したのが「コロナショック」です。

　万人が同様に「生命の危機」を感じ、自分の人生に「絶対的安心
ゾーン」がないことを実感した途端に突きつけられたのが、
「生き方」なのです。「どう生きるか」です。
「生き方」とは、何を尊重して生きるか、もしくは、どのような人
生計画を設計するか、つまり「何に充実感と満足感を感じて生きる
か」なのです。

　私の感じていることをいえば、「どう生きたら良いか」に迷いが
生じている人が多いということです。

　これは、政治政策の影響がとても大きいように思います。

　一例を挙げれば、「ワークライフバランス」です。要は働きすぎ、
過重労働を避ける政策でした。それはそれとして大切なことには違
いありませんが、自分の人生と真剣に向きあって、何としてもこの
道で一流の人間になろうと職に就いている人間に対し、常に「ワー
クライフバランス」をいわれると、人生そのものが狂ってくるとい
うことです。

　象徴的にいえば、「大谷翔平におけるワークライフバランスは？」
ということです。

　自分の充実感と満足感を満足させ、その末、新たな挑戦に挑むこ
とを繰り返して、達人、名人の領域をめざすというこの「人生のプ

ロセス」にとって、ライフワークバランスをむやみに要求されると、「何のために生きているのか」という人生の歩み方自体に迷いが生じてくる、生き方の喪失へと向かってしまうということです。

日本には道元禅師から説かれている「伝統的勤労観」というものがあるのです。

いいたいことは、「日本伝統の精神文化」ともいうべき、日本人が縄文時代以降、近代に至るまで貫き通してきた「日本人の生き方」、もしくは、「日本人は何を大切に生きてきたか」ということがあるのです。

現代の青年たちの悩みこそ、「伝統精神文化」を忘れたがために生じている「アイデンティティ」の危機ともいうべきものなのです。

いまこそ、以上の趣旨に叶った「生きる手本」を提供することが不可欠ではないかと思い、この本が出来上がりました。

1人でも多くの未来ある日本人に、これまで日本人はどのように、何を大切に生きてきたかを知って、日本人の原点に戻って生き方を再構築してもらうことこそ、この本の目指すところなのです。

多くの人々が、日本人としての真なる生き方を取り戻して愉快な人生を手にしていただくことを祈るばかりであります。

田口 佳史

[著者略歴]

田口佳史（たぐち・よしふみ）

1942年東京生まれ。東洋思想研究家。イメージプラン代表取締役会長。新進の映画監督としてバンコク郊外で撮影中、水牛二頭に襲われ瀕死の重傷を負い入院。生死の狭間で「老子」と運命的に出会い、「天命」を確信する。「東洋思想」を基盤とする経営思想体系「タオ・マネジメント」を構築・実践、延べ一万人超の企業経営者・社会人・政治家を育て上げてきた。東洋思想をベースとした仕事論、生き方論の第一人者として政財界からの信任は厚い。東洋と西洋の叡智を融合させ「人類に真の調和」をもたらすべく精力的に活動中。配信中のニュースレターは海外でも注目を集めている。(https://www.tao-club.net/newsletter/)
著書に、『「中庸」講義録』『「大学」に学ぶ人間学』『佐久間象山に学ぶ大転換期の生き方』『横井小楠の人と思想』(以上、致知出版社)、『渋沢栄一に学ぶ大転換期の乗り越え方』『教養としての「貞観政要」講義』(以上、光文社)など多数。

テンミニッツTV講義録③　「縄文と神道」から読む日本精神史

2024年7月1日　第1刷発行

著　者　田口佳史

発行所　イマジニア株式会社
　　　　〒163-0715　東京都新宿区西新宿2-7-1 新宿第一生命ビルディング15階
　　　　電話　03(3343)8847
　　　　https://www.imagineer.co.jp/

発売所　株式会社ビジネス社
　　　　〒162-0805　東京都新宿区矢来町114番地 神楽坂高橋ビル5階
　　　　電話　03(5227)1602　FAX　03(5227)1603
　　　　https://www.business-sha.co.jp/

〈装　　幀〉大谷昌稔

〈本文組版〉有限会社メディアネット

〈印刷・製本〉株式会社ディグ

〈営業担当〉ビジネス社：山口健志

〈編集担当〉イマジニア：川上達史

本書の「内容」に関するお問い合わせはイマジニアまでお願いします。
support@10mtv.jp

本書の「販売」に関するお問い合わせはビジネス社までお願いします。

テンミニッツTV　田口佳史先生の講義

※2024年5月現在

日本文化を学び直す（全11話）

日本の特性とは何か～「日本的」の本質（全7話）

石田梅岩の心学に学ぶ（全9話）

西郷南洲のリーダーシップ（全4話）

『貞観政要』を読む（全15話）

『孫子』を読む（各篇）

重職心得箇条～管理職は何をなすべきか（全15話）

「徳」から生まれる「感謝の人間関係」（全1話）

……ほか